Jean-Charles Stasi

LES MARINS FRANÇAIS DU JOUR-J

FNFL – NORMANDIE 44

HEIMDAL

Sommaire

Textes : Jean-Charles Stasi
Coordination : Jean-Charles Stasi
Mise en page et infographie : Paul Gros / paulvgros@gmail.com
Profils couleurs : Thierry Vallet

Éditions Heimdal
2, rue de la Cartoucherie - 14400 Saint-Martin-des-Entrées
Tél : 02.31.51.68.68 Fax : 02.31.51.68.60
www.editions-heimdal.fr

Préface

Les marins français du Jour J

Le 6 juin 1944, premier jour du débarquement allié en Normandie, marque le premier jour de la libération du territoire métropolitain de la France. Le symbole est tellement fort qu'il a tendance à occulter le second « Jour J », celui du débarquement franco-américain en Provence, deux mois plus tard, pourtant décisif lui aussi car, redoutant d'être prises en tenaille, les forces d'occupation vont évacuer rapidement une grande partie du pays.

Ce n'est pas la seule occultation autour du « D Day ». Lorsqu'on mentionne la participation française à l'opération de Normandie, c'est le plus souvent pour évoquer le commando Kieffer et ses 177 Français libres, oubliant ceux qui, en amont – les parachutistes SAS et les aviateurs – comme en aval – la 2e Division Blindée – concourent également à son succès, et omettant surtout l'action de nos marins le jour même, ce qui est pour le moins paradoxal s'agissant d'un débarquement !

Pourtant, ils étaient bien là en nombre, « les marins français du Jour J », qu'ils soient de la « Royale » ou bien du commerce. Ils eussent certainement été plus nombreux sans la tragédie de Mers-el-Kébir. Elle brouilla pour un temps l'identification de l'ennemi réel, mais n'en rend que plus méritoire le choix de ceux ayant rejoint la France Libre. C'est le mérite de cet ouvrage, les sortir de l'ombre et leur rendre justice.

Général Robert Bresse
Président de la Fondation de la France Libre

FONDATION DE LA FRANCE LIBRE

7 juin 1944. La corvette *Renoncule* mouillée au large des côtes normandes. Elle était chargée de l'escorte de convois de débarquement dans le secteur d'Utah Beach. (Association des Forces navales françaises libres.)

1

La marine française revenue au premier plan

Sortie de la Grande Guerre affaiblie et vétuste, la marine française s'est sensiblement développée et modernisée dans les années trente et elle est revenue au premier plan à la veille du nouveau conflit mondial.

Après avoir subi une remise en état finale entre 1937 et 1938, le cuirassé *Courbet* retrouve en 1939 son rôle de navire d'entraînement. Mais le déclenchement de la Seconde Guerre mondiale va en décider autrement… (Collection particulière.)

En cette fin d'été 1939, on peut dire que la France possède de nouveau une véritable puissance navale, rappelant les temps héroïques où ses bâtiments à voile lourdement armés s'illustraient sur les différentes mers du globe. Elle se situe au quatrième rang mondial derrière la *Royal Navy* (Grande-Bretagne), l'*US Navy* (USA) et la marine japonaise, et devant la *Regia Marina* (Italie), la *Kriegsmarine* (Allemagne) et la *Sovietskaya Flota* (URSS).

La « Royale » s'est donc bien redressée depuis le traité de Washington, signé en 1922, qui, dans un but de sécurité collective, avait imposé des quotas aux grandes puissances militaires. Cet accord avait entériné de facto le recul naval de la France en ne l'autorisant qu'à 175 000 tonnes pour ses navires de ligne et précisant qu'aucun de ses futurs bâtiments ne devait dépasser 30 000 tonnes. Ce plafond de 175 000 tonnes avait mis la France au niveau de l'Italie, mais il était inférieur à celui du Japon et ne représentait que le tiers de la limite fixée à la Grande-Bretagne et aux USA.

L'accord conclu en 1935 entre l'Allemagne et la Grande-Bretagne a changé la donne d'un seul coup. Conclu au nom de la politique d'apaisement, il a donné à l'Allemagne la possibilité de construire une marine de guerre égale à 35 % de la flotte britannique. Pour la France, il ne pouvait s'agir que d'une menace, dans un contexte international de réarmement général. C'est en effet cette même année que le Troisième Reich a officiellement créé la *Luftwaffe*, devenue à la veille de la guerre l'armée de l'air la plus puissante au monde.

La France a réagi à cet accord et aux bruits de bottes de plus en plus forts en décidant la construction d'une flotte nouvelle de 257 000

L'insigne de la *Jeanne d'Arc*. (Archives François Bellier.)

Lancée en 1930, la *Jeanne d'Arc*, photographiée ici en 1938, est un croiseur école dont le port d'attache est Brest. Lorsque la guerre éclate, elle a effectué huit campagnes de l'école d'application des aspirants de la Marine. (Archives François Bellier.)

La *Jeanne d'Arc* en escale en Argentine en 1938. (Archives François Bellier.)

Lancé en 1913, le cuirassé *Provence*, a subi un grand carénage de janvier à avril 1939. Le 1er juillet de cette année, le navire est placé hors rang et devient le navire amiral du commandant en chef de l'escadre de la Méditerranée, le vice-amiral d'escadre Ollive. (Collection particulière.)

tonnes, en plusieurs tranches budgétaires. Et même si ce programme ambitieux n'a pu être réalisé complètement en raison de la récession économique et de la productivité insuffisante des chantiers navals du pays, il a tout de même permis de développer et de moderniser sensiblement la Marine nationale, commandée depuis 1937 par l'amiral François Darlan.

En cette fin d'été 1939, elle compte désormais soixante-seize navires de guerre, qui ont pour missions d'assurer le contact avec les territoires du vaste empire colonial français, de rechercher et détruire les flottes ennemies, et de mener une guerre de course contre les convois marchands ennemis.

Aux deux cuirassés récents de la classe *Dunkerque* (26 500 tonnes), le *Dunkerque* et le *Strasbourg*, entrés en service dans les années 1930, s'ajoutent trois cuirassés de la classe *Provence* (23 000 t), le *Bretagne*, le *Lorraine* et le *Dunkerque*, tous trois lancés au milieu des années 1910 et modernisés depuis. Deux cuirassés supplémentaires sont sur le point d'entrer en service, le *Richelieu* et son sistership le *Jean Bart*. Construits à partir de 1935, ces deux bâtiments d'un déplacement de 35 000 tonnes constituent une évolution plus puissante de la classe *Dunkerque*, dont ils reprennent la disposition spécifique de l'artillerie principale en deux tourelles quadruples à l'avant, mais cette fois au calibre de 380 mm. La Marine nationale dispose également de dix-huit croiseurs, trente-deux contre-torpilleurs (ou destroyers), vingt-six torpilleurs, un porte-hydravions, le *Commandant Teste*, et un porte-avions, le *Béarn*, qui embarque quarante appareils.

En complément de ses navires de surface, la France peut également compter sur une importante flotte sous-marine de près de quatre vingt bâtiments se répartissant entre unités océaniques et unités côtières. Ces submersibles classiques sont techniquement inférieurs aux *U-Boote* allemands. Sorti de l'arsenal de Cherbourg en novembre 1929, le *Surcouf* est le plus grand sous-marin au monde, avec ses cent dix mètres et son déplacement de 3 300 tonnes. Il est armé d'une tourelle double de 203 mm, calibre identique à celui de l'artillerie d'un croiseur lourd (d'où son appellation de « croiseur sous-marin »). Pour le réglage de ses tirs et l'observation, il embarque un hydravion Marcel Besson MB-411 à ailes repliables, qui prend place dans un hangar étanche formant la partie arrière du kiosque. Ses canons de 203 mm peuvent tirer chacun trois obus de 120 kg à la minute, à une distance de vingt-six kilomètres.

Malgré le nombre et la qualité de ses navires, la Marine nationale souffre néanmoins de quelques défauts. Elle est en retard dans le domaine de la détection, de la fabrication de torpilles et de l'artillerie. En outre, ses moyens aéronautiques sont insuffisants avec seulement trois cent cinquante avions et une protection anti-aérienne encore embryonnaire.

Dès la déclaration de guerre, le 3 septembre 1939, alors que l'attentisme prévaut à terre pour donner naissance à ce qu'on appellera la « drôle de guerre », la Marine nationale se montre très active. En effet, il est indispensable de sécuriser les approvisionnements du pays, qui dépendent aux trois quarts de ses importations maritimes. Grâce à la mobilisation, les effectifs montent rapidement à cent soixante mille hommes, dont dix mille officiers. Et les bâtiments de la « Royale » ne vont pas tarder à entrer en action. Les torpilleurs *Siroco* et *Simoun*, tous deux de la classe *Bourrasque* et lancés au milieu des années vingt, coulent chacun à l'éperon un

Lancé en novembre 1929, le *Surcouf* est alors le plus grand sous-marin du monde, avec une longueur de 110 mètres et un déplacement de 3 300 tonnes. (Collection particulière.)

Ci-dessus : lancé le 17 janvier 1939, le cuirassé *Richelieu* est une version plus puissante de la classe *Dunkerque*, dont il reprend la disposition spécifique de l'artillerie principale en deux tourelles quadruples à l'avant, mais cette fois au calibre de 380 mm. (Collection particulière.)

Mai 1939. Jean Kerlevéo, prêtre marin et matelot, sur le pont du croiseur léger *Georges Leygues*. (ECPAD/Photo Jean Manzon.)

Mai 1939. Jean Kerlevéo, prêtre marin et matelot, lisant son bréviaire dans une coursive du croiseur léger *Georges Leygues*. (ECPAD/Photo Jean Manzon.)

sous-marins allemand, le premier le 20 novembre 1939 et le second le 23 février 1940.

Au printemps de cette année 1940, la marine française participe à la campagne de Norvège avec l'envoi de bâtiments de guerre, dont les croiseurs légers *Montcalm* et *Émile-Bertin*, et de bâtiments de transport pour acheminer le corps expéditionnaire franco-polonais.

Ce premier affrontement direct entre les Alliés et les forces du Troisième Reich révèle une réalité que les années suivantes ne vont que confirmer : la guerre navale n'est efficace que si elle est appuyée par un soutien aérien.

La campagne de Norvège s'achève le 10 juin 1940 par la victoire de l'Allemagne, alors qu'à trois mille kilomètres de là, à Dunkerque, la Marine nationale vient de jouer un rôle majeur dans la réussite de l'opération *Dynamo*.

Mai 1939. Matelots assistant à la messe célébrée par le vicaire de Paimpol, Jean Kerlevéo, prêtre marin, à bord du croiseur léger *Georges Leygues*. (ECPAD/Photo Jean Manzon.)

Mai 1939. Partie de billard à bord du croiseur léger *Georges-Leygues*. (ECPAD/Photo Jean Manzon.)

Mai 1939. Revue des troupes à bord du croiseur léger *Georges Leygues*. Le prêtre marin Jean Kerlevéo (matelot breveté) est au centre. (ECPAD/Photo Jean Manzon.)

2

Dunkerque, un succès naval mais payé au prix fort

La marine française va payer un lourd tribut à son rôle majeur dans l'évacuation de la poche de Dunkerque, l'opération *Dynamo*, du 26 mai au 4 juin 1940, y perdant un cinquième de ses bâtiments engagés.

Jeudi 30, vers 16 h 45, le torpilleur la *Bourrasque*, qui vient d'embarquer un millier de soldats dans le port de Dunkerque, heurte une mine magnétique alors qu'il se trouve à la hauteur de Nieuport. Peu après l'explosion, le navire commence à s'enfoncer par l'arrière tandis qu'à l'avant des hommes se jettent à l'eau. (ECPAD.)

Après leur attaque surprise contre la France par les Ardennes, le 13 mai 1940, les Allemands enfoncent rapidement les lignes de défense alliées. Sous le feu des bombardements, Dunkerque va se trouver rapidement transformée en camp retranché pour les troupes françaises et le corps expéditionnaire britannique (*British Expeditionary Force*), dont les premiers éléments sont présents dans l'Hexagone depuis le début de la guerre.

En ce printemps 1940, la cité de Jean Bart constitue un élément clé de la protection des côtes du nord de la France et de la défense de la frontière avec la Belgique, même si elle n'est pas à proprement parler un port de guerre. Elle

Dunkerque, début mai 1940. Le général Corap, chef de la 9e Armée française, et l'amiral Abrial, commandant en chef des Forces maritimes du Nord (F.M.N.) devant le bastion 32, PC des F.M.N. (ECPAD.)

abrite l'état-major des Forces maritimes du Nord (F.M.N.), créées en août 1939, et dont les principales missions sont les suivantes : protection des navires militaires britanniques acheminant les hommes de la B.E.F. vers les ports français, interdiction aux forces maritimes ennemies du passage dans le pas de Calais et l'est de la Manche, protection des communications maritimes dans ce même secteur, et enfin défense des côtes, de la frontière franco-belge jusqu'au Mont-Saint-Michel. Depuis décembre 1939, le commandant en chef des Forces maritimes du Nord (amiral « Nord » en abrégé) est l'amiral Jean Abrial, 60 ans, précédemment commandant de l'escadre de Méditerranée à Toulon.

Les F.M.N. se composent de plusieurs divisions de torpilleurs (DT), basées à Dunkerque mais dépendant de Cherbourg pour le ravitaillement et l'entretien. Sont arrivées successivement la 4e DT (la *Bourrasque* et l'*Ouragan*), la 11e DT (*La Cordelière*, l'*Incomprise* et le *Branlebas*),

Quasi quotidiennement, à partir du 18 mai 1940, les avions allemands bombardent la ville et le port, de nuit comme de jour. (Archives de Dunkerque - CMUA.)

la 14e DT (*Le Bouclier*, *La Flore*, *La Melpomène*), la 2e DT (le *Fougueux*, le *Frondeur*, et l'*Adroit*), et enfin la 6e DT (le *Cyclone*, le *Sirocco*, et le *Mistral*), arrivée le 8 mai.

Le Torpilleur l'*Adroit*, échoué sur la plage de Malo-les-Bains après avoir été attaqué par des avions allemands dans la soirée du 20 mai. (Archives de Dunkerque - CMUA.)

Des survivants de la *Bourrasque* sont recueillis par un autre navire français. (ECPAD.)

À ces bâtiments rapides s'ajoutent un groupe de sept chasseurs de sous-marins, récents et bien armés, ainsi qu'une dizaine d'avisos plus ou moins modernes (*Amiens*, *Amiral Mouchez*, *Arras*, *Asie*, *Atlantique*, *Diligente*, *Épinal*, *Patrie*). Il ne faut pas oublier non plus les dragueurs et les patrouilleurs chargés de surveiller les champs de mines destinés à interdire le passage aux bâtiments de la *Kriegsmarine*, traquer les *U-Boote* s'aventurant dans le pas de Calais et faire la chasse aux hydravions mouilleurs de mines magnétiques et appareils de reconnaissance de la *Luftwaffe*.

À partir du 19 mai, rien ne semble pouvoir arrêter l'avancée des divisions blindées allemandes vers la mer. La situation s'aggrave si vite pour les Alliées que la Grande-Bretagne commence à étudier le rapatriement de son corps expéditionnaire. Et c'est ainsi que, le 26 mai en fin de journée, les Britanniques lancent l'opération *Dynamo*, qui va faire entrer Dunkerque dans l'Histoire.

Sous les attaques des chasseurs et bombardiers de la *Luftwaffe*, qui pilonnent la ville et ses installations portuaires de nuit comme de jour depuis une semaine, commence dans des conditions dantesques l'évacuation par la mer des dizaines de milliers de soldats alliés concentrés dans Dunkerque et sur ses immenses plages qui s'étirent jusqu'à la Belgique, dont le roi capitule le 28. Dans un premier temps, l'objectif du vice-amiral Ramsay, chef de l'opération, est d'évacuer en deux jours 45 000 soldats britanniques, soit un cinquième de la *British Expeditionary Force*.

Aux bâtiments militaires viennent s'ajouter des ferries, chalutiers, remorqueurs, péniches, et même des yachts, sans oublier des caboteurs néerlandais ayant réussi à échapper à l'occupation allemande des Pays-Bas. Ces centaines de bateaux civils de toute sorte constituant ce que l'Histoire a appelé l'armada des « *little ships* ».

Dès le début, la marine française s'engage pleinement aux côtés de la *Royal Navy*. Et les navires battant pavillon tricolore vont, eux aussi, payer un lourd tribut à cette opération navale d'une ampleur inédite. Le 20 mai, frappé par plusieurs bombes de la *Luftwaffe*, le torpilleur l'*Adroit* s'échoue sur la plage de Malo-les-Bains après avoir été frappé par plusieurs bombes. Dévoré par le feu, il est secoué quelques heures plus tard par une série d'explosions causées par les stocks de munitions d'artillerie qu'il transportait à destination des unités opérant en Hollande. Heureusement, tout son équipage a pu être sauvé.

Dix jours plus tard, la marine française perd un nouveau torpilleur, et cette fois dans des conditions bien plus dramatiques. En milieu d'après-midi du jeudi 30 mai, après avoir chargé huit cents hommes sur le quai Félix Faure,

Soldats français rassemblés sur la plage dans l'espoir de pouvoir embarquer. (IWM.)

la *Bourrasque* appareille, suivie du *Branlebas*, un autre torpilleur de la même classe. Peu avant 17 heures, alors qu'elle navigue à la hauteur de Nieuport, une forte explosion secoue la *Bourrasque* par l'arrière, vraisemblablement à cause d'une mine magnétique. Aussitôt le *Branlebas* stoppe ses machines et commence à mettre des embarcations à l'eau. D'autres survivants seront recueillis par des chalutiers britanniques, mais environ cinq cents hommes périssent dans cette catastrophe.

La menace vient aussi des vedettes rapides et des sous-marins de la *Kriegsmarine*. Dans la nuit du 30 au 31 mai, deux torpilles frappent le *Sirocco*, alors qu'il faisait route vers l'Angleterre. Ce torpilleur de la classe *Bourrasque* est achevé par une bombe de Stuka qui le coupe en deux en explosant dans la soute à munitions des canons de 130 mm. Il y avait à bord 930 soldats et marins, seuls 270 ont pu être sauvés.

Entre le 26 mai et les toutes premières heures du 4 juin, jour où les Allemands pénètrent dans Dunkerque, 338 226 hommes auront pu être évacués, parmi lesquels 125 000 Français et quelque 16 000 soldats belges et hollandais. L'opération *Dynamo* a eu un coût très élevé sur le plan naval. Sur les près de 850 bateaux de tout tonnage, britanniques, français et autres, y ayant participé, près de 240 ont été coulés et une cinquantaine ont été endommagés. La marine française a perdu un cinquième de ses bâtiments engagés.

Et, au-delà des pertes en hommes et en matériel, Dunkerque porte un rude coup à l'Entente cordiale, conclue en 1904 entre les deux « ennemis héréditaires » que sont la Grande-Bretagne et la France. Il s'ensuit une défiance réciproque que ne va pas arranger la tragédie de Mers-el-Kébir, un mois plus tard.

On le sait moins, mais la marine française, en ce mois de juin 1940, est engagée également en Méditerranée, à un millier de kilomètres de Dunkerque. Elle s'y montre très active depuis que l'Italie est entrée en guerre, le 10, et a bombardé le port de Toulon. Le 14, un plan franco-britannique vise à détruire les stocks d'hydrocarbures transalpins situés près de la frontière. Les croiseurs *Foch* et *Algérie* y parviennent à Vado tandis que le *Colbert* bombarde Gênes.

Mais l'armistice du 22 juin vient mettre fin à ces opérations contre l'Italie.

Lorsque les Allemands pénètrent dans Dunkerque, le 4 juin au matin, ils capturent sur la plage et sur le port plusieurs milliers de soldats français, dont la plupart ont défendu jusqu'au bout le dernier périmètre défensif. (Archives de Dunkerque - CMUA.)

3

Création des FNFL dans un contexte de crise

Peu après son arrivée à Londres, le général de Gaulle charge le vice-amiral Émile Muselier de constituer les Forces navales françaises libres. Et cela dans un climat de forte tension entre les marines française et britannique.

Deux matelots des Forces navales françaises libres. (Collection particulière.)

Le lundi 17 juin 1940, à la mi-journée, le maréchal Pétain, nouveau président du Conseil, fait l'annonce suivante à la radio depuis Bordeaux où s'est replié le gouvernement français : *« C'est le cœur serré que je vous dis aujourd'hui qu'il faut cesser le combat »*, précisant qu'il recherche avec l'ennemi *« les moyens de mettre un terme aux hostilités »*.

Le lendemain, en fin de journée, le général de Gaulle, arrivé la veille à Londres, lance sur les ondes de la BBC un appel pour que les Français, où qu'ils se trouvent, le rejoignent afin de poursuivre le combat contre l'occupant.

À ce moment-là, presque tous les navires français se trouvent hors de la métropole. Le gouvernement ne songe pas à livrer la flotte aux Allemands, mais une partie de celle-ci se met néanmoins à l'abri. C'est ainsi que le cuirassé *Jean Bart* quitte Saint-Nazaire pour Casablanca et que le cuirassé *Richelieu* est évacué de Brest vers Dakar. Alors qu'il se trouve en révision à Brest, le sous-marin *Surcouf* prend la mer pour l'Angleterre, qu'il atteindra au terme d'une traversée effectuée intégralement en surface, étant dans l'incapacité de plonger. Les sous-marins *Rubis* et *Narval* gagnent, eux aussi, l'Angleterre. Des bateaux de pêche et de commerce traversent également la Manche. On pense notamment aux pêcheurs de l'île de Sein, qui partent dès le 19 juin pour rallier le général de Gaulle. Au lendemain de la guerre, lorsqu'il viendra visiter l'île, le 5 septembre 1946, ce dernier prononcera cette phrase devenue célèbre : *« L'île de Sein est un quart de la France »*.

L'armistice est signé le 22 juin en forêt de Compiègne. Les conditions de cet armistice sont très dures en ce qui concerne la Flotte : il est

L'affiche de l'appel du 18 juin 1940. (Collection particulière.)

notamment exigé que la reddition s'effectue dans des ports métropolitains désignés par les ports d'attache en temps de paix, c'est-à-dire essentiellement en zone occupée par les Allemands. La majorité des marins français restent fidèles à l'amiral Darlan, chef d'état-major depuis 1937 et proche du maréchal Pétain. Néanmoins certains décident de rejoindre le général de Gaulle en Angleterre, comme le vice-amiral Muselier qui va jouer un rôle majeur dans l'histoire de la France libre.

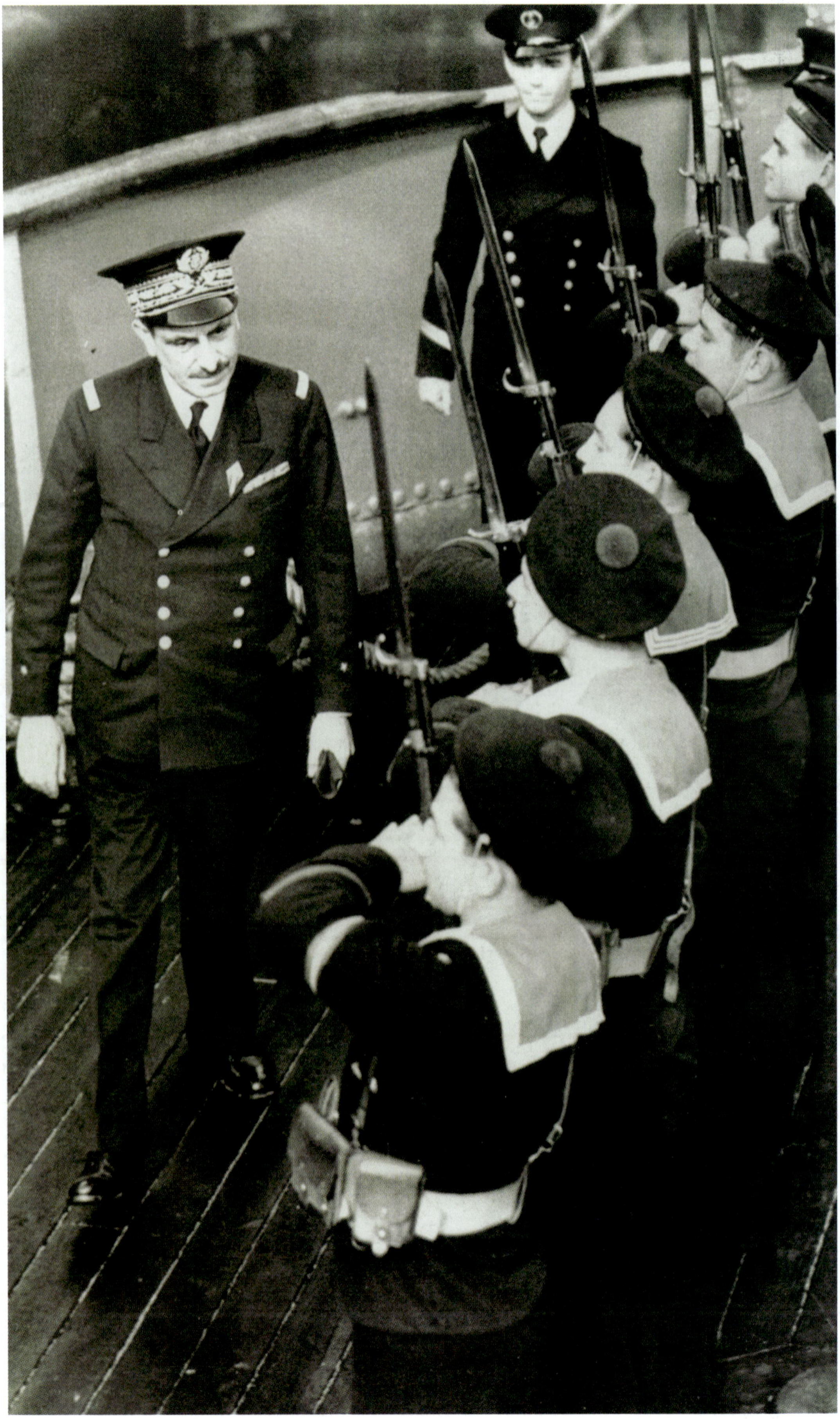

Organisateur des Forces navales françaises libres, le vice-amiral Muselier a été le premier officier général à rallier Charles de Gaulle à Londres. (Association des Forces navales françaises libres.)

Insigne de poitrine des FNFL. (Archives François Bellier.)

Bachi des Forces navales françaises libres. (Musée du Débarquement d'Arromanches.)

Ci-dessus : quatrième de couverture du bulletin des FNFL. (Fondation de la France libre.)

Affiche de recrutement des Forces navales françaises libres. (Collection particulière.)

Marins en faction devant le siège des FNFL à Londres. (Collection particulière.)

En ce tout début d'été 1940, Émile Muselier est âgé de 58 ans. Entré à l'École navale en 1899, la même année que l'amiral Darlan, il a été nommé vice-amiral le 9 octobre 1939… et mis à la retraite le mois suivant par mesure disciplinaire à la suite d'incidents l'ayant opposé à Darlan. Au moment de l'armistice, il est ingénieur dans une entreprise réquisitionnée par le ministère de l'Air et de l'Armement.

Refusant la capitulation, Muselier s'embarque sur un navire de commerce à destination de Gibraltar. De là, le 29 juin, il part pour l'Angleterre à bord d'un hydravion. Le 30, il rencontre le général de Gaulle qui, dès le lendemain, le nomme *« au commandement des forces maritimes françaises restées libres, quelles qu'elles soient et quel que soit l'endroit où elles se trouvent »*. En outre, Muselier est nommé commandant des forces aériennes de la France libre à titre provisoire. Ce même jour, Muselier rédige son propre appel à l'intention des marins et aviateurs. Et c'est lui qui, le 3 juillet, propose comme emblème pour la France libre la croix de Lorraine (croix à double traverse, appelée auparavant croix d'Anjou), en souvenir de son père, d'origine lorraine.

Dans la foulée, le vice-amiral Muselier constitue un embryon d'état-major des FNFL avec le capitaine de corvette Georges Thierry d'Argenlieu et l'enseigne de vaisseau Voisin. Né le 7 août 1889 à Brest, Georges Thierry d'Argenlieu est entré à l'École navale en octobre 1906. Au lendemain de la Grande Guerre, il a démissionné de la Marine pour entrer dans les ordres. En septembre 1939, il a été mobilisé comme officier de marine de réserve et a été affecté à Cherbourg. Fait prisonnier le 19 juin lors de la défense de l'arsenal, il s'est évadé trois jours plus tard et a réussi à gagner l'Angleterre en passant par Jersey.

Mais ce mercredi 3 juillet 1940, alors que la France libre se choisit son emblème, survient un événement qui va porter un très rude coup aux relations franco-britanniques. Ignorant les closes exactes de l'armistice et craignant que la flotte de haute mer française ne tombe aux mains des Allemands ou des Italiens, le Premier ministre britannique Winston Churchill déclenche l'opération *Catapult* dont l'objectif est de capturer ou d'arraisonner les navires de la Marine nationale où qu'ils se trouvent.

Le général de Gaulle en compagnie d'Elizabeth Bowes-Lyon, épouse de George VI, lors du passage en revue des FNFL par le roi d'Angleterre à Londres. (Collection particulière.)

Aux toutes premières heures du jour, les Britanniques arraisonnent, dans le port de Porstmouth, le cuirassé *Courbet*, arrivé en Angleterre le 20 juin. Le jeune élève canonnier Léon Gautier, un Breton qui n'a pas encore 18 ans, n'oubliera pas ce réveil plutôt brutal : *« Peu avant le lever du soleil, j'ai été brusquement tiré de mon hamac par une vive douleur dans le derrière. C'était un soldat anglais qui venait de me piquer avec sa baïonnette en criant* Get up ! Get up ! *Tout l'équipage a dû débarquer au pas de course. Et à voir l'air déterminé des soldats, personne n'a eu envie de traîner. Une fois rassemblés, un officier anglais s'est adressé à l'ensemble des marins du* Courbet *: "Voulez-vous continuer la guerre dans la marine britannique ou rentrer en France ?" Nous a-t-il demandé dans un français parfait. Comme la majorité de mes camarades, j'ai choisi la première option, même si la façon dont les Anglais venaient de nous traiter ne donnait pas trop envie de rester avec eux »* [1].

À Plymouth, les Britanniques s'emparent du cuirassé *Paris*, du contre-torpilleur *Le Triomphant*, du torpilleur *Le Mistral*, du sous-marin *Surcouf*, dont la prise se solde par la mort d'un marin français et de trois membres de la *Royal Navy*.

Plus tard dans la journée, à des milliers de kilomètres de là, l'opération *Catapult* va prendre un tour bien plus dramatique en Méditerranée. Une escadre de la *Royal Navy* commandée par l'amiral Somerville se présente devant le port militaire de Mers el-Kébir, dans le golfe d'Oran, avec pour mission d'obtenir que l'escadre française aux ordres de l'amiral Gensoul la suive au Royaume-Uni, ou qu'elle soit conduite sous contrôle britannique aux Antilles ou aux États-Unis, ou qu'elle se saborde. Si elle n'accepte aucune de ces trois propositions, elle devra être attaquée.

Après plusieurs heures de négociation infructueuses, vers 17 heures, les navires britanniques ouvrent le feu sur les bâtiments français très mal placés pour riposter. Dès le début de l'attaque, plusieurs d'entre eux sont touchés. Le croiseur de bataille *Dunkerque*, le cuirassé *Provence* et le contre-torpilleur *Mogador* sont mis hors de combat. Le cuirassé *Bretagne* explose et chavire en faisant près d'un millier de morts. Vingt minutes après l'ouverture du feu britannique, l'amiral Gensoul fait savoir qu'il a ordonné de cesser le feu. Seul le croiseur de bataille *Strasbourg* parvient à s'échapper, escorté par cinq contre-torpilleurs. Le bilan humain est lui aussi très lourd : au millier de morts du *Bretagne* s'ajoutent environ deux cents morts sur le *Dunkerque* et des dizaines sur d'autres navires pour un total de près de mille trois cents morts.

Le lendemain, un nouveau drame est évité, cette fois en Égypte. Dans le port d'Alexandrie, l'amiral Cunningham, commandant de la *Mediterranean Fleet*, vient trouver l'amiral Godfroy, commandant de la Force X, pour lui signifier qu'il a reçu l'ordre de saisir cette escadre française

3 juillet 1940. Peu avant 17 heures, la *Royal Navy* ouvre le feu sur les navires français dans la rade de Mers el-Kébir. (Collection particulière.)

constituée au début de la guerre en vue de parer à une intervention de l'Italie en Méditerranée orientale. Ayant quitté Toulon le 25 avril 1940, la Force X est au complet, forte du cuirassé *Lorraine*, des croiseurs *Duquesne*, *Tourville*, *Suffren* et *Duguay-Trouin*, des torpilleurs *Basque*, *Forbin*, *Fortuné* et du sous-marin *Protée*.

Les deux amiraux, qui sont beaux-frères, se connaissent et s'apprécient. Aussi Cunningham propose-t-il à Godfroy un *gentlemen's agreement* afin d'éviter un affrontement entre deux flottes au mouillage dans le même port. Selon cet accord, les Français doivent débarquer le mazout, les obturateurs d'artillerie, les pointes percutantes des torpilles et une partie des équipages ; en échange de quoi leurs navires resteront sous le contrôle de leur commandement. L'amiral

Affiche réalisée par la propagande du gouvernement de Vichy suite au drame de Mers el-Kébir. (Collection particulière.)

Environ mille trois cents marins ont perdu la vie en quelques minutes à Mers el-Kébir, près d'Oran. (Collection particulière.)

Le croiseur *Georges Leygues* dans le port de Dakar, où il affronte la *Royal Navy* et les Forces françaises libres, du 23 au 25 septembre 1940. (André Persin/ECPAD/Défense.)

Affiche réalisée par la propagande du gouvernement de Vichy suite à l'attaque des navires français dans le port de Dakar par les Britanniques et les Forces françaises libres. (Collection particulière.)

Godfroy accepte, préservant ainsi la Force X dont les navires, modernisés en Afrique du Nord, reprendront la lutte aux côtés des alliés avec leurs équipages en juillet 1943.

Mais quelques uns des quatre mille marins de la Force X, refusant l'inaction du gouvernement français d'armistice, décident de quitter clandestinement leur équipage pour poursuivre le combat malgré la tragédie de Mers el-Kébir. C'est ainsi que se constitue un premier groupe d'une trentaine de volontaires, emmenés par le lieutenant de vaisseau Honoré d'Estiennes d'Orves, aide de camp de l'amiral Godfroy à bord du croiseur lourd *Duquesne*. À Alexandrie, on comptera 172 ralliements entre le 10 juillet et le 4 décembre 1940, dont celui du LV d'Estienne d'Orves.

Officier de liaison à bord du cuirassé *Warspite*, navire amiral de la *Mediterranean Fleet*, le capitaine de frégate Philippe Auboyneau a joué un rôle important lors des négociations entre l'amiral Cunningham et l'amiral Godfroy. Comme Honoré d'Estienne d'Orves, il refuse lui aussi la défaite de son pays. Ces deux marins vont jouer un rôle majeur dans l'histoire de la France libre.

Incontestablement, le drame de Mers el-Kébir a des conséquences immédiates sur le ralliement des marins français au général de Gaulle, qui a pourtant qualifié l'attaque anglaise *« d'odieuse tragédie »*. En ce début d'été 1940, ils sont très nombreux à souhaiter être rapatriés, fidèles à l'amiral Darlan qui a assuré qu'il ne laisserait jamais tomber la flotte entre les mains de l'occupant.

Cette situation ne suffit pas à décourager de Gaulle, pas plus d'ailleurs que le vice-amiral Muselier, dont la tâche est énorme. Il manque quasiment de tout pour atteindre son but de *« créer une marine jeune, vigoureuse, ardente, entraînée »*. Il ne dispose que d'une douzaine d'officiers, quelques centaines d'hommes et une poignée de navires. Tout est à faire, à commencer par la formation d'officiers et d'équipages.

Le 12 juillet, Muselier crée à Portsmouth une école navale à bord du *Courbet*. Suivront des écoles de spécialistes et une école de mousses. Le 13 juillet est formée au camp d'Aldershot une petite unité de deux cent cinquante fusiliers marins au sein des FNFL. Il s'agit du 1er Bataillon de fusiliers marins (1er BFM), commandé par le capitaine de corvette Robert Détroyat.

Le 7 août, un accord franco-britannique officialise la création des Forces navales françaises libres. Il aura fallu beaucoup de force de persuasion à de Gaulle pour obtenir de Winston Churchill la prise en charge des FNFL par le Royaume-Uni.

Après trois mois d'efforts, dix-huit navires battant pavillon à croix de Lorraine sont en service. *« Dix-huit bateaux en mer, cela peut paraître peu de chose. Mais si l'on veut bien penser qu'un navire à la mer et en état de combattre suppose tout un ensemble de rouages très compliqués, on peut à bon escient, s'émerveiller qu'un si grand nombre de choses ait pu se réaliser dans un délai aussi bref »* écrira Charles de Gaulle dans ses *Mémoires de guerre*.

Au début de 1941, les FNFL ne comptent encore que trois mille trois cents hommes et une soixantaine d'officiers. Le souvenir de Mers el-Kébir n'est pas étranger à cette situation. D'autant que deux mois après cette attaque britannique contre des bâtiments français, un nouvel affrontement a opposé des marins fidèles au gouvernement de Vichy à la *Royal Navy*, cette fois renforcée par des navires des Forces navales françaises libres. Les engagements des personnels de la Marine marchande, moins influencés dans leur choix que ceux de la Royale, fourniront en 1940 l'essentiel du recrutement de la marine de la France Libre.

Du 23 au 25 septembre 1940, pour la première fois depuis le début de la guerre, des Français se sont battus contre d'autres Français. Et cela au large de Dakar, capitale de l'Afrique-Occidentale française (A.O.F.), qui regroupe huit colonies françaises d'Afrique de l'Ouest restées sous contrôle du gouvernement de Vichy. Le gouverneur de l'A.O.F., Pierre Boisson, a refusé de se rallier, les armes ont parlé et le sang français a coulé. Arrivé par la mer avec un drapeau blanc pour parlementer, Georges Thierry d'Argenlieu a été accueilli par un tir de mitrailleuse qui l'a sérieusement blessé. Les Britanniques coulent les sous-marins *Persée* et *Ajax*, et causent de gros dommages au contre-torpilleur *L'Audacieux*, tuant près d'une centaine de marins.

L'expédition de Dakar est un échec pour les forces franco-britanniques, fragilisant la position du général de Gaule et élargissant davantage le fossé entre la France libre et la marine de Vichy.

Mais un nouveau tournant de la guerre, va changer la donne, offrant aux bâtiments battant pavillon à croix de Lorraine et à leurs équipages l'occasion de prendre pleinement leur part à la lutte contre les Allemands.

Le lieutenant de vaisseau Honoré d'Estienne d'Orves décide de poursuivre la lutte contre les Allemands, suite à l'immobilisation forcée de l'escadre française Force X à Alexandrie par les Britanniques, le 4 juillet 1940. Il va jouer un rôle bref, mais majeur, dans l'histoire de la France libre. (Collection particulière.)

(1) Entretien avec l'auteur, mai 2009.

Les FNFL sur toutes les mers du globe

Dès l'été 1940, les Forces navales françaises libres participent à la bataille de l'Atlantique. À ces missions d'attaque et d'escorte de convois vont s'ajouter des interventions en Méditerranée dans l'océan Indien et dans le Pacifique.

Ci-contre : l'état-major de la corvette *Aconit*. Au centre, le lieutenant de vaisseau Levasseur. De gauche à droite : aspirant Frossard, enseigne de vaisseau de 2e classe Baillat, enseigne de vaisseau de 1re classe Maucotel, enseigne de vaisseau de 1re classe Leroy, enseigne de vaisseau de 2e classe Coturel. (Fondation de la France libre.)

Construite en Grande-Bretagne, faisant partie de la classe *Flower*, la corvette *Aconit* est l'une des neuf unités, sur les 267 construites, armées par les FNFL. Sous les ordres du lieutenant de vaisseau Jean Levasseur, elle se distingue dans l'Atlantique en coulant deux *U-Boote*, l'U-444 et l'U-432, dans la seule journée du 11 mars 1943. (Fondation de la France libre.)

Après la capitulation de la France, le Royaume-Uni ne peut plus compter que sur un ravitaillement venant d'outre-mer, principalement de son empire colonial ou du continent américain, pour poursuivre son combat contre l'Allemagne nazie. Déjà le plus gros importateur au monde en 1939, le Royaume-Uni va voir ses besoins croître dans des proportions importantes au fil des mois, l'effort de guerre étant de plus en plus tributaire des importations de pétrole et de matières premières.

Du point de vue des forces de l'Axe, l'équation est simple : si l'on veut affaiblir le camp allié, il faut ralentir de façon significative le flot d'approvisionnement en direction des ports britanniques. Et pour cela, le meilleur moyen est de couler davantage de ses navires de transport qu'il ne peut en construire. Et c'est pourquoi, en plus de ses gros bâtiments de surface comme l'*Admiral Scheer*, le *Graf Spee* ou le *Bismarck* (coulé le 27 mai 1941 par la *Royal Navy* à environ six cent cinquante kilomètres des côtes bretonnes) et de ses corsaires marchands, la *Kriegsmarine* engage dans l'Atlantique les *U-Boote* de l'amiral Dönitz.

Chassant le plus souvent en meute (*Rudeltaktik*) et opérant de nuit à partir de leurs bases de Brest, Lorient, Saint-Nazaire, La Pallice et Bordeaux, les « loups gris » vont infliger sans tarder des dommage considérables aux lents et encore très vulnérables convois de ravitaillement. Dès juin 1940, les Allemands sont maîtres des côtes atlantiques de l'Europe. Ce mois-ci constitue d'ailleurs un nouveau record pour le Troisième Reich, avec près de six cent mille tonnes de navires marchands alliés touchés. Et entre juin et octobre 1940, près d'un million et quatre cents tonnes de navires marchands alliés supplémentaires sont envoyées par le fond.

Cette bataille de l'Atlantique, qui n'en est qu'à ses débuts, va s'avérer déterminante pour la suite du conflit. *« C'est la bataille qu'il fallait à tout prix gagner, car sans cette victoire, il n'y aurait pas eu d'autres batailles ni d'autres victoires »* écrira Churchill dans ses Mémoires. Et à une échelle encore modeste, les Forces navales françaises libres vont prendre part à cette lutte mobilisant au fil des mois des moyens humains et matériels de plus en plus importants. Cet engagement sans réserve est la conséquence de la volonté du général de Gaulle, dès l'été 1940, de voir la France libre présente partout où l'ennemi se trouve et aussi d'affirmer la présence de la France aux quatre coins du monde.

Neuf corvettes des FNFL vont être ainsi engagées d'un bout à l'autre de la bataille de l'Atlantique. Elles ont pour nom *Aconit*, *Alysse*, *Commandant Détroyat*, *Commandant Drogou*, *Commandant D'Estienne d'Orves*, *Lobélia*, *Mimosa*, *Renoncule* et *Roselys*. Ces neuf navires

Au cours de la bataille de l'Atlantique, chargement d'une grenade sous-marine à bord de la corvette FNFL *Renoncule*, construite en Grande-Bretagne et faisant partie de la classe *Flower* comme l'*Aconit*. (IWM.)

sont de construction britannique et appartiennent tous à la classe *Flower*. Produits à 267 exemplaires, les bâtiments de la classe *Flower* vont jouer un rôle important d'escorte anti-sous-marine pendant toute la bataille de l'Atlantique. Outre la *Royal Navy* et les FNFL, ces corvettes de soixante-deux mètres de long, servies par un équipage de quatre-vingts hommes, vont progressivement équiper les marines d'autres pays alliés: Canada, Norvège, Australie, Nouvelle-Zélande. Et si elles disposent d'un armement efficace contre les *U-Boote*, elles souffrent d'un handicap majeur, à savoir leur petite taille qui, par gros temps, les rend difficilement manoeuvrables et inconfortables à vivre pour leur équipage.

Les corvettes battant pavillon à croix de Lorraine vont démontrer leur efficacité face aux sous-marins allemands. La *Lobélia* coule l'*U-609* le 7 février 1943. Dans la seule journée du 11 mars 1943, l'*Aconit* envoie par le fond l'*U-444* et l'*U-432*. À ces trois sous-marins s'ajoute l'*U-136*, coulé par le contre-torpilleur *Léopard*, un navire de la classe *Jaguar* qui, après avoir combattu les Allemands en mai 1940 sur le littoral nord de la France, a été saisi en juillet par les Anglais à Portsmouth puis remis aux FNFL le 31 août.

Avant de couler des *U-Boote* au cours de la bataille de l'Atlantique, trois des corvettes FNFL, *Mimosa*, *Alysse* et *Aconit*, accompagnées du sous-marin *Surcouf*, ont participé, le 24 décembre 1941, au ralliement de Saint-Pierre-et-Miquelon à la France libre. Montée par l'amiral Muselier sur ordre du général de Gaulle, cette opération a suscité la colère du gouvernement américain, qui avait exprimé un avis défavorable à ce projet. Le *Surcouf*, plus grand sous-marin militaire de son époque, sera coulé, par accident ou par méprise, en mer des Antilles dans la nuit du 18 au 19 février 1942, causant la mort de cent trente marins dont quatre membres de la *Royal Navy*.

Un convoi allié dans l'Atlantique. (IWM.)

Après l'invasion de l'URSS par l'armée allemande, le 22 juin 1941 (opération *Barbarossa*), la bataille de l'Atlantique va prendre une nouvelle dimension, la route de l'Arctique étant désormais utilisée pour le ravitaillement des Soviétiques par les Américains. Entre la banquise et les côtes de Norvège tenues par les troupes allemandes, les convois de plus en plus nombreux constituent des cibles idéales pour les navires de surface, les sous-marins et les avions ennemis.

Les FNFL vont participer avec tous leurs moyens disponibles aux missions d'escorte particulièrement périlleuses dans cette partie la plus septentrionale de l'océan Atlantique. Les corvettes *Commandant Détroyat* et *Roselys*

Le Chasseur 41 (*Audierne*), construit par le Chantier de Normandie, à Fécamp, est entré en service en 1940. Comme le Chasseur 42 (*Larmor*) et le Chasseur 43 (*Lavandou*), ce navire de lutte anti-sous-marine a été saisi le 3 juillet 1940 par la *Royal Navy* dans le cadre de l'opération *Catapult*, puis remis aux FNFL le 9 septembre 1940. Sortis ultérieurement, les Chasseurs 44, 45, 46, 47 et 48 ont été réquisitionnés par la *Kriegsmarine*. (Fondation de la France libre.)

vont notamment se distinguer en venant au secours de navires en détresse et en recueillant plusieurs centaines de naufragés au cours du printemps et de l'été 1942.

Les sous-marins battant pavillon à croix de Lorraine vont, eux aussi, jouer un rôle important dans la bataille de l'Atlantique. De l'été 1940 à décembre 1944, le *Rubis* va effectuer au total vingt-huit missions de mouillage de mines sur les côtes de Norvège et de France, entraînant la destruction de seize navires ennemis. Le *Rubis* est le bâtiment de guerre français qui aura coulé le plus de tonnage allemand au cours de la guerre. De leur côté, la *Minerve* et la *Junon*, deux sous-marins de six cents tonnes, accompliront respectivement treize et neuf patrouilles, en dehors de missions de débarquement d'agents secrets et de matériels en Norvège.

Le 19 avril 1941, alors qu'elle patrouillait à quelque cinq cents milles marins des côtes norvégiennes, la *Minerve* a été le premier sous-marin des FNFL à torpiller un bâtiment ennemi, en l'occurrence un gros pétrolier jaugeant environ dix mille tonnes, escorté par un torpilleur et deux chalutiers. Et cela au terme d'un rude engagement au cours duquel le submersible français a subi un grenadage nourri de la part des navires d'escorte du pétrolier.

L'équipage du sous-marin *Rubis*, qui a rallié la France libre le 22 juin 1940 sous l'impulsion de son commandant, le lieutenant de vaisseau Georges Cabanier. Le *Rubis* est le bâtiment de guerre français qui a coulé le plus de tonnage allemand durant la guerre 39-45. (Fondation de la France libre.)

Ci-dessus : le sous-marin *Rubis* a rallié la France libre dès juin 1940 avec la quasi-totalité de son équipage. (Fondation de la France libre.)

L'insigne du *Rubis*. (Fondation de la France libre.)

Le 13 avril 1943, le croiseur *Georges Leygues*, qui a rejoint les Alliés en novembre 1942 à la suite du débarquement en Afrique du Nord, intercepte le navire allemand *Portland*, sabordé par son équipage, qui est recueilli à bord. Trois mois plus tard, il part pour les États-Unis pour y être modernisé. Aux chantiers navals de Philadelphie, ce bâtiment de 179 mètres de long embarquant près de 550 hommes reçoit notamment un système de détection anti sous-marine ASDIC, des radars de surface ainsi qu'une artillerie anti-aérienne plus performante. À l'automne 1943, ces modifications achevées, le *Georges Leygues* reprend ses patrouilles contre les navires allemands.

L'Atlantique n'est pas le seul théâtre d'opération où sont engagées les bâtiments français engagés aux côtés des Alliés. En Méditerranée, le sous-marin *Narval* est le premier à poursuivre la lutte, après avoir rallié Malte depuis la Tunisie le 24 juin 1940, sous les ordres du commandant Drogou qui a émis lors de cette traversée nocturne le message suivant devenu fameux : *« Trahison sur toute la ligne, je rejoins un port anglais »*. Lancé en 1925, ce sous-marin de la classe *Requin* servi par un équipage d'une cinquantaine d'hommes effectue diverses missions au large des côtes tunisiennes avant de sauter sur une mine devant les îles Kerkennah à la mi-décembre 1940.

À la fin de l'année 1941, le patrouilleur P41 (*Vikings*) est le premier navire des FNFL à intervenir en Méditerranée orientale. Il s'agit d'un chalutier de Fécamp, réquisitionné en 1939 et transformé en chalutier militaire. Saisi par les Anglais en juillet 1940, il a été ensuite remis à la marine gaulliste qui l'a réarmé avant de l'envoyer à Beyrouth. Le 16 avril 1942, il est coulé par le sous-marin allemand *U-81* au large de Saïda (Liban), entraînant dans la mort une quarantaine de marins.

Au cours de ce printemps 1942, les trois avisos des FNFL (*Commandant Duboc*, *Commandant Dominé*, *La Moqueuse*) sont engagés en soutien des opérations britanniques dans le Dodécanèse et sur les côtes du Levant, en participant à une douzaine de combats. Ces trois bâtiments appartiennent à la classe *Élan* et ont été construits entre 1936 et 1940. Prévus comme dragueurs de mines, ils n'ont jamais été utilisés pour cette fonction, mais plutôt comme escorteurs. Avant d'être intégrés aux FNFL, ces trois bâtiments de 78 mètres de long embarquant une centaine d'hommes ont participé à l'évacuation de la poche de Dunkerque au printemps 1940.

En juin 1942, le patrouilleur *Reine des Flots* intervient lui aussi en Méditerranée, où il va notamment participer à la libération du port turc de Castellorizo et abattre deux avions ennemis. Il s'agit d'un ancien chalutier du nord de la France, lancé en 1923 sous le nom de *Bois rosé*, réquisitionné en 1939 par la Marine nationale qui l'a armé en patrouilleur auxiliaire. Saisi par les Britanniques le 3 juillet 1940 lors de l'opération *Catapult*, il a été ensuite transféré aux FNFL et modifié à Falmouth. Après quelques missions d'escorte dans la Manche, il a été affecté à la 1re Division d'avisos qui opère en Méditerranée orientale.

Prêté aux FNFL par la *Royal Navy* en mai 1943, quelques mois après son lancement en janvier de cette même année sous le nom de *HMS Vox*, le sous-marin *Curie* patrouille à partir d'août 1943 en Méditerranée, où il va couler plusieurs bâtiments allemands dont deux au large des îles grecques en octobre 1944.

Le 19 avril 1941, alors qu'elle patrouillait à quelque cinq cents milles marins des côtes norvégiennes, la *Minerve* a été le premier sous-marin des FNFL à torpiller un bâtiment ennemi, en l'occurrence un gros pétrolier jaugeant environ dix mille tonnes, escorté par un torpilleur et deux chalutiers. (Fondation de la France libre.)

L'aviso *Chevreuil* sous grand pavois. Remis aux FNFL en septembre 1940, il effectue plusieurs escortes de navires marchands dans l'Atlantique nord jusqu'à l'été 1941 avant d'être envoyé dans le Pacifique. (Fondation de la France libre.)

Ci-dessous : rallié à la France libre le 20 juillet 1940, Philippe Auboyneau, alors capitaine de frégate, est nommé au commandement des Forces navales françaises libres en avril 1942 avec le grade de contre-amiral. À l'issue des combats en Afrique du Nord, il est l'un des principaux artisans de la fusion entre les FNFL et la Marine d'Afrique du Nord. On le voit ici passer en revue l'équipage d'un navire des FNFL. (Fondation de la France libre.)

Les FNFL sont également présentes aux côtés des Alliés dans des mers encore plus éloignées des ports britanniques. Le *Savorgnan de Brazza*, un aviso colonial de la classe *Bougainville*, qui a participé aux combats fratricides de Dakar puis de Libreville, patrouille en mer Rouge entre le printemps 1941 et le printemps 1942, avant de participer à l'escorte de convois dans l'Atlantique. En juin 1943, on le retrouve dans l'océan Indien, du côté de Madagascar. En fin d'année, il est envoyé dans le Pacifique sud pour relever le croiseur auxiliaire *Cap des Palmes*.

D'autres navires battant pavillon à croix de Lorraine opèrent dans le Pacifique sud, comme le contre-torpilleur *Triomphant* et l'aviso le *Chevreuil*. Sous les ordres de Philippe Auboyneau, qui prend le commandement des FNFL dans le Pacifique, le *Triomphant*, réarmé en Angleterre au cours de l'été 1940, arrive à Tahiti en septembre 1941. En février 1942, alors qu'il se trouve aux Nouvelles-Hébrides, il est chargé d'évacuer les Occidentaux et les travailleurs asiatiques de la British Phosphate Commission vivant à Ocean Island et Nauru, deux îles du Pacifique central dont l'invasion par les Japonais s'annonce imminente.

En juillet 1940, en pleine débâcle, l'aviso *Chevreuil* se trouve en Angleterre à Portsmouth où son équipage, peu désireux de continuer la lutte, l'abandonne au fond d'une cale sèche. Le 3 septembre 1940, il est armé par les FNFL avec un équipage d'une centaine de marins volontaires ralliés à la France Libre. Il effectue plusieurs escortes de navires marchands dans l'Atlantique nord jusqu'à l'été 1941 avant d'être envoyé dans le Pacifique. Le 27 mai 1942, le *Chevreuil* débarque sur l'île de Wallis un corps expéditionnaire commandé par le capitaine Molina, qui obtient sans aucune violence le ralliement à la France libre du territoire français d'outre-mer de Wallis-et-Futuna. Et cela au nez et à la barbe des Américains, qui avaient prévu d'y prendre pied un jour plus tôt pour installer à Wallis une base en prévision des menaces japonaises.

L'engagement des navires à croix de Lorraine sur toutes les mers du globe dès l'été 1940 a permis d'aguerrir les FNFL, en même temps qu'il aura démontré aux autres marines alliées leur efficacité et leur détermination.

Le Savorgnan de Brazza, un aviso colonial de la classe *Bougainville*, qui a participé aux combats fratricides de Dakar puis de Libreville, patrouille en mer Rouge entre le printemps 1941 et le printemps 1942, avant de participer à l'escorte de convois dans l'Atlantique. (Fondation de la France libre.)

Transféré aux FNFL au cours de l'été 1940, le patrouilleur *Reine des Flots* intervient à partir de juin 1942 en Méditerranée, où il va notamment participer à la libération du port turc de Castellorizo et abattre deux avions ennemis. (Coll. Bouchi-Lamontagne.)

La Marine marchande, l'autre atout des FNFL

Dès juin 1940, des bateaux de la Marine marchande se rallient à la France libre. Leur nombre ne va cesser d'augmenter au fil des mois et ils vont jouer un rôle important aux côtés des Alliés, payant un lourd tribut à leur engagement.

Le capitaine de frégate Roger Maurice Wietzel, directeur de la Marine marchande de la France libre, lors d'une tournée d'inspection en Angleterre. (Fondation de la France libre.)

Ci-dessus et ci-contre : le paquebot *Président Doumer* a participé à l'évacuation d'habitants de Singapour assiégée par les Japonais. (Fondation de la France libre.)

La contribution des FNFL aux côtés des Alliés ne s'est pas limitée à l'engagement de navires de guerre. Dès juin 1940, des bâtiments de commerce ont, eux aussi, fait le choix de poursuivre la lutte contre l'Allemagne nazie. Les cargos *Anadyr*, *Capo Olmo*, *Forbin* et *Rhin*, en route pour l'Afrique du Nord, décident ainsi de gagner Gibraltar. Une fois en Angleterre, sous l'impulsion de l'amiral Muselier, ces quatre bâtiments vont constituer, avec le chalutier armé *Président Houduce* et une poignée d'aviateurs, le premier noyau des Français libres.

À ces cargos vont s'ajouter des paquebots, comme le *Félix Roussel*, le *Cap Saint-Jacques* et le *Président Doumer*, tous trois desservant les lignes d'Extrême-Orient ; des pétroliers, comme le *Roxane* et le *Melpomène* ; ainsi que des bateaux auxiliaires ou de pêche. La contribution de la Bretagne va être très importante dans les jours qui suivent l'appel radiophonique du général de Gaulle. Une cinquantaine de bateaux quittent les côtes finistériennes pour l'Angleterre. Au total, ils seront environ 150 à franchir la Manche durant les quatre années suivantes, avec plus de 3 500 civils finistériens à leur bord. Plus du quart des 55 000 engagés volontaires dans les Forces françaises libres (entre juin 1940 et juillet 1943, hors troupes coloniales), sont originaires de Bretagne, un Français libre sur quatre est breton ! Avec environ 1 700 engagés dans les FNFL, le Finistère est le premier département contributeur, soit le cinquième du total des marins FNFL nés en métropole et la moitié de ceux nés en Bretagne.

Il faut notamment souligner l'apport de l'île de Sein, particulièrement significatif par rapport à

Pavillons de Beaupré des FNFL : à gauche, celui des bâtiments de guerre ; à droite, celui des navires de commerce.

sa population. Cent vingt-six Sénans vont ainsi rallier les FFL : le 19 juin de Sein par l'*Ar Zenith* (4) ; les 24 et 26 juin de Sein par le *Velleda*, le *Rouanez ar Mor*, le *Rouanez ar Peoc'h*, le *Maris Stella* et le *Corbeau des Mers* (114) ; le 25 juin de Brest sur un navire marchand (4) ; d'autres lieux, individuellement (6) ; le 3 octobre 1943, d'autres Sénans (5) partent de Sein à bord de l'*Yvonne-Georges*.

Il ne faut pas oublier, non plus, les volontaires qui partent pour l'Angleterre depuis Paimpol, les 18 et 19 juin 1940, à bord de divers bateaux dont l'*Albert-Faroult* et le *Georges Leverdier*, les deux bateaux-pilotes de la Seine, qui ont réussi à quitter leur port d'attache avant l'arrivée des Allemands. Parmi ces jeunes gens figurent les élèves de l'École d'hydrographie. À leur arrivée outre-Manche, ces volontaires rejoignent les FNFL dans la marine de guerre ou dans la marine marchande. Plusieurs d'entre eux suivent les cours du *Britannia Royal Naval College* à Darmouth avant de participer à des missions opérationnelles.

De Paimpol partent aussi le yacht *Manou* et le bateau borneur *Quénavo*, ce dernier embarquant également des femmes décidées à poursuivre la lutte contre les Allemands. Il n'y a donc rien d'étonnant à ce que cette commune portuaire des Côtes d'Armor (autrefois Côtes du Nord) ait été choisie pour accueillir le monument à la gloire de la Marine marchande de la France libre, inauguré à l'automne 1988. Choix d'autant plus légitime quand on sait que les Bretons représentaient plus de 70 % des FFL en 1940 ; et que même si le pourcentage va diminuer par la suite, il restera élevé jusqu'à la fin de la guerre.

Outre les ralliements spontanés, des bâtiments sont capturés par la *Royal Navy* dans des ports de l'Empire britannique ou arraisonnés en mer dans le cadre de l'opération *Catapult* du début juillet 1940, avant d'être mis à disposition de la marine gaulliste ; d'autres encore ont été saisis par la France libre dans les colonies fraîchement ralliées.

Au fil des mois, l'effectif des navires marchands ralliés à la France libre va s'étoffer, jusqu'à totaliser quelque cent soixante bâtiments pour un total de près de 700 000 tonneaux, soit entre le quart et le tiers de la flotte de commerce française d'avant-guerre. Mais par manque de personnel, seuls soixante-six de ces bateaux pourront être armé avec des équipages exclusivement français. En effet, les FNFL ne disposent que d'un peu plus de cinq cents officiers, dont cinquante-six capitaines, et trois mille cinq cents hommes. C'est pourquoi

Le cargo *Capo Olmo*.
(Fondation de la France libre.)

certains bâtiments vont voir le noyau de l'équipage français complété par des marins britanniques ou d'autres nationalités.

L'utilisation des navires de commerce ralliés à la France libre est régie par l'accord général signé entre Churchill et de Gaulle, le 7 août 1940. Cet accord, qui reconnaît au général de Gaulle la qualité de chef de tous les Français libres, stipule notamment que tous les navires de cette flotte de commerce restent propriété française, mais il prévoit que ceux qui ne seraient pas affectés aux FNFL pourraient être armés par l'amirauté britannique.

Dans un premier temps, la Marine marchande de la France libre est intégrée à l'état-major des FNFL-FAFL (Forces aériennes françaises libres). En septembre 1941, elle est directement rattachée au commissariat général de la Marine, formant un service séparé.

Ces soixante-six navires marchands armés par les FNFL sont engagés dès l'été 1940 et leur présence à la mer va s'avérer constante jusqu'à la fin de la guerre. Leur mission principale est, en toute logique, l'acheminement des matériels et denrées indispensables à la Grande-Bretagne, qui dépend de ses routes commerciales pour la quasi totalité de son approvisionnement. Approvisionnement qui, rappelons-le, ne va cesser d'augmenter au fil des mois, au fur et à mesure que le second conflit mondial gagne en intensité.

On peut donc dire que la marine marchande alliée a joué un rôle déterminant dans la victoire finale. Et cela au prix de lourdes pertes, principalement lors de la bataille de l'Atlantique. Sur les plus de cinq mille navires marchands alliés perdus sur l'ensemble des théâtres d'opérations maritimes, les trois quarts l'ont été dans l'Atlantique.

La flotte de commerce FNFL a, elle aussi, payé un important tribut à cette guerre sur les mers. Vingt-neuf de ses soixante-six navires ont été perdus, du fait des raiders, des sous-marins, des avions de la *Luftwaffe*, des vedettes, des mines ou par fortune de mer. Soit près d'un sur deux, ce qui témoigne des risques considérables des mission effectuées par les bâtiments marchands battant pavillon à croix de Lorraine.

Comme pour la flotte de guerre, le champ d'action des autres navires de la France libre ne se limite pas à l'Atlantique. Loin de là. Saisi par

À bord d'un bâtiment marchand de la France libre. La croix de Loraine est en bonne place dans le carré. (Fondation de la France libre.)

Un convoi marchand allié dans la mer Rouge. (Fondation de la France libre.)

les Britanniques puis remis aux FNFL, le paquebot *Cap Saint-Jacques* va effectuer des missions en mer Rouge avant d'assurer des transports de troupes entre l'Égypte, la Tunisie, la Libye et Malte. En 1943, il participe à la campagne de Sicile et du sud de l'Italie. À la fin de cette année, il rejoint Durban puis Le Cap, en Afrique du Sud, pour être transformé en navire hôpital.

Saisi lui aussi par les Britanniques avant d'être réarmé par les FNFL, le paquebot *Félix Roussel* fait partie, en février 1942 du dernier convoi de transport de troupes qui réussit à atteindre Singapour assiégée par les Japonais. Attaqué par l'aviation impériale qui l'atteint de plusieurs bombes, il réussit néanmoins à évacuer un millier de femmes et d'enfants.

Rallié à la France libre dès juillet 1940 alors qu'il fait route vers l'Indochine, le paquebot *Île-de-France*, construit par les chantiers navals de Penhoët à Saint-Nazaire, est reconverti en transport de troupes à Singapour et effectue plusieurs rotations entre Suez, l'Afrique et les Indes. Après avoir subi une refonte importante à New-York, il va servir jusqu'à la fin de la guerre pour acheminer des troupes américaines et canadiennes en Grande-Bretagne.

Le paquebot *Félix Roussel*. (Fondation de la France libre.)

Bénédiction d'un bateau breton et son équipage avant son départ pour l'Angleterre. (Fondation de la France libre.)

Ci-dessus : le paquebot *Île-de-France*. (Fondation de la France libre.)

Sur le pont du cargo *Égée*, rallié à la France libre dès l'été 1940. (Fondation de la France libre.)

6

Du drame de Toulon à la fusion des flottes françaises

Du sabordage des bâtiments basés à Toulon à la fusion des FNFL avec les forces maritimes d'Afrique restées fidèles à Vichy, la marine française va connaître bien des bouleversements entre l'automne 1942 et le printemps 1943.

Alger, 1er mars 1944, le général de Gaulle rend visite aux équipages de plusieurs navires français, en compagnie du contre-amiral Lemonnier, chef d'état-major de la Marine réunifiée sous l'autorité du Comité Français de la Libération Nationale (CFLN) et de M. Jacquinot, commissaire à la Marine (derrière le général). (ECPAD.)

Si elle constitue un tournant majeur dans le cours de la Seconde Guerre mondiale, l'année 1942 est également marquante dans l'histoire de la France libre. Et cela dès le printemps. En tenant tête pendant deux semaines à l'*Afrikakorps* de Rommel lancé contre la position fortifiée de Bir Hakeim (Libye), les troupes gaullistes – parmi lesquelles le 1er Bataillon de fusiliers-marins créé le 17 juillet 1940 à l'initiative de l'amiral Muselier – redonnent espoir au camp allié, alors en difficulté sur tous les fronts. Et ce fait d'armes au retentissement mondial va avoir pour conséquence que, désormais, les Anglais et les Américains considèrent les Français libres comme des alliés à part entière. Déjà fissurée, mais à moindre échelle, par le raid commando britannique contre Saint-Nazaire le 28 mars (opération *Chariot*), l'image d'invincibilité des forces allemandes en prend un nouveau coup. Et il y en aura d'autres d'ici la fin de cette année décisive…

Le 8 novembre, les Alliés lancent l'opération *Torch* sur les côtes d'Afrique du Nord. Les Américains débarquent à Casablanca (Maroc) et à Oran (Algérie), tandis que les Britanniques prennent position à Alger avec l'aide la Résistance. Les représailles allemandes en France métropolitaine ne se font pas attendre. Le 11 novembre, la *Wehrmacht* envahit la zone libre.

Deux jours plus tard, l'amiral Darlan appelle la flotte française, basée en grande partie à Toulon, à rejoindre les Alliés. Mais les commandants des différents bâtiments, qui ont prêté serment à Vichy, n'envisagent pas de manquer à leur parole. Et cela d'autant plus que le Troisième Reich réitère sa promesse de laisser la flotte française sous commandement français, ainsi que cela a été établi par l'article 8 de l'armistice signé le 22 juin 1940 à Rethondes.

Mais en réalité, les Allemands préparent l'opération *Lila*, destinée à capturer par surprise les navires de guerre à pavillon tricolore. Et c'est ainsi que, le mercredi 27 novembre 1942 à 1 heure du matin, deux groupements blindés allemands, partis l'un d'Aix-en-Provence et l'autre de Gémenos, font mouvement en direction de Toulon.

Environ quatre heures plus tard, les amiraux Jean Laborde, commandant la force de haute mer (trente-huit bâtiments de combat), et André Marquis, préfet maritime, commandant une flotte hétéroclite de cent-trente-cinq navires, donnent par radio l'ordre de saborder l'ensemble des bâtiments après avoir appris que les Allemands sont sur le point de tenter un coup de main. Les sous-marins *Casabianca*, *Vénus*, *Marsouin*, *Iris* et *Le Glorieux* parviennent à quitter le port puis à sortir de la rade malgré les champs de mines magnétiques, les

Le 27 novembre 1942, suite à l'annexion de la zone libre par les Allemands, la flotte française basée à Toulon se saborde pour ne pas tomber aux mains de l'ennemi. (Archives colonel Valmyre Benfait.)

Au soir du 27 novembre, le bilan fait état de 90 % de la flotte de Toulon sabordée, dont la totalité des forces de haute mer qui y étaient basées. Tous les grands bâtiments de combat sont coulés et irrécupérables. (Archives colonel Valmyre Benfait.)

bombardements allemands et le filet métallique fermant la passe.

Sorti le premier avec une toute petite partie de son équipage et ayant ouvert une brèche dans le filet métallique, le *Vénus* permet aux autres sous-marins de s'échapper ; il se saborde peu après en eau profonde. Le *Casabianca* et le *Marsouin* atteignent Alger, *Le Glorieux* réussit à gagner Oran. Quant à l'*Iris*, à court de gazole, il se réfugie à Barcelone où il va rester interné jusqu'à la fin de la guerre.

Le sabordage de la flotte française est salué avec enthousiasme par la presse alliée, que ce soit en Grande-Bretagne, aux États-Unis ou en URSS. Si elle est un échec pour les Allemands, l'opération *Lila* est aussi un rude coup pour la France qui a perdu l'essentiel de sa flotte militaire. Au soir du 27 novembre, 90 % des navires basés à Toulon ont été sabordés, dont la totalité des bâtiments de la force de haute mer. La Marine nationale a perdu tous ses grands navires de combat, parmi lesquels le cuirassé *Provence*, les navires de ligne *Dunkerque et Strasbourg* et les croiseurs *Algérie*, *La Marseillaise* et *Dupleix*.

Au cours de l'opération *Torch*, les forces françaises fidèles au régime de Vichy ont opposé une vive résistance aux Américains et aux Britanniques, notamment à Oran et dans le secteur de Casablanca, subissant de lourdes pertes. Cet assaut par la mer est néanmoins un succès qui permet aux Alliés d'ouvrir un deuxième front et d'établir une tête de pont sur le continent africain, laquelle rendra possible un débarquement en Sicile à l'été 1943 (opération *Husky*). Précisons que, pour le seul mois de novembre 1942, la politique de Vichy aura coûté à la France près de la moitié de sa marine de guerre.

Mis en service en 1936, le sous-marin de 1 500 tonnes *Casabianca* s'échappe du port de Toulon le 27 novembre 1942 sous le commandement de Jean L'Herminier, alors capitaine de corvette. (Archives colonel Valmyre Benfait.)

Au-delà de son succès militaire, l'opération *Torch* va avoir pour conséquence le rapprochement des troupes vichystes d'Afrique française du Nord (AFN) et des Forces françaises libres, un accord intervenant au printemps 1943, après d'âpres négociations, entre le général de Gaulle et le général Giraud, chef de l'Armée d'Afrique, soutenu par les Américains. La flotte vichyste s'engage aux côtés des Alliés avec discipline, mais sans enthousiasme, la conscience troublée par le reniement du serment au maréchal Pétain qu'implique cette volte-face. Le 3 juin est officiellement créé le Comité français de libération nationale (CFNL), né de la fusion du Comité national français du général de Gaulle et du Commandement en chef français et civil du général Giraud, l'objectif du CFLN étant d'unir la totalité des forces françaises en guerre contre les puissances de l'Axe. Sur le plan strictement militaire, ce rapprochement entre l'Armée d'Afrique giraudiste et les Forces françaises libres gaullistes se traduit par la création de l'Armée française de libération.

Jean L'Herminier, commandant du *Casabianca*, après son amputation des deux jambes causée par une grave thrombose. (Archives colonel Valmyre Benfait.)

Deux mois plus tard, début août, les FNFL fusionnent avec les forces maritimes d'Afrique (AFN et AOF) pour aboutir à la constitution des Forces navales françaises en Grande-Bretagne (FNGB), placées sous le commandement de l'amiral Thierry d'Argenlieu. Dès leur création, les FNGB vont notamment contribuer à la libération de la Corse. Et cela en partie grâce aux incessantes navettes du sous-marin *Casabianca*, sous les ordres de Jean L'Herminier, qui débarque des armes et des munitions pour la résistance locale, sans oublier les cent neuf hommes composant le 1er bataillon parachutiste de choc, acheminés jusqu'au port d'Ajaccio dans la nuit du 12 au 13 septembre. Le 5 octobre, la Corse deviendra ainsi le premier département de France métropolitaine libéré.

À la suite de l'opération *Torch*, plusieurs bâtiments français stationnés jusque là en Afrique du Nord, qu'ils soient FNFL ou non, prennent le chemin des États-Unis pour y être modernisés. C'est notamment le cas du cuirassé *Richelieu*, des croiseurs légers *Montcalm* et *Georges Leygues* et des contre-torpilleurs *Le Fantasque*, *Le Terrible* et *Le Malin*. Outre l'amélioration de l'armement (artillerie principale, artillerie secondaire et DCA), la refonte de ces bâtiments dans les chantiers navals de l'*US Navy* passe aussi par l'installation d'équipements plus performants de détection : radars et ASDIC (acronyme de *Anti-Submarine Detection Investigation Committee*, l'ancêtre du sonar actif).

Sitôt modernisés, ces navires reprennent la mer, dans l'Atlantique ou en Méditerranée. Avant, pour certains, comme le *Montcalm* et le *Georges Leygues*, de gagner la Grande-Bretagne en vue de ce qui sera la plus grande opération navale de toute leur carrière.

Le croiseur léger *Montcalm*, photographié ici en 1939, fait partie des navires français stationnés en Afrique du Nord qui ont rallié le camp allié à la suite de l'opération *Torch*. Modernisé aux États-Unis en 1943, il prendra part au débarquement en Normandie en juin 1944 puis au débarquement en Provence en août de cette même année. (Collection particulière.)

Torpilleur *La Combattante*

Torpilleur des FNFL, *La Combattante* est à l'origine un destroyer de la *Royal Navy* de la classe *Hunt*, construit au début de la guerre sous le nom de *HMS Haldon* et offert par le gouvernement britannique à la France libre en 1942. Le bâtiment effectue sa première mission sous pavillon à croix de Lorraine le 24 mars 1943 en escortant un convoi dans la Manche.

Sous le commandement d'André Patou, *La Combattante* prend part à l'opération *Neptune*, le 6 juin 1944, en apportant un appui feu rapproché pour le débarquement des troupes à Courseulles-sur-Mer (Juno Beach). Le 14 juin, elle débarque dans ce secteur le général de Gaulle et plusieurs autres personnalités de la France libre pour une visite historique d'une journée en terre normande. (Profil Thierry Vallet.)

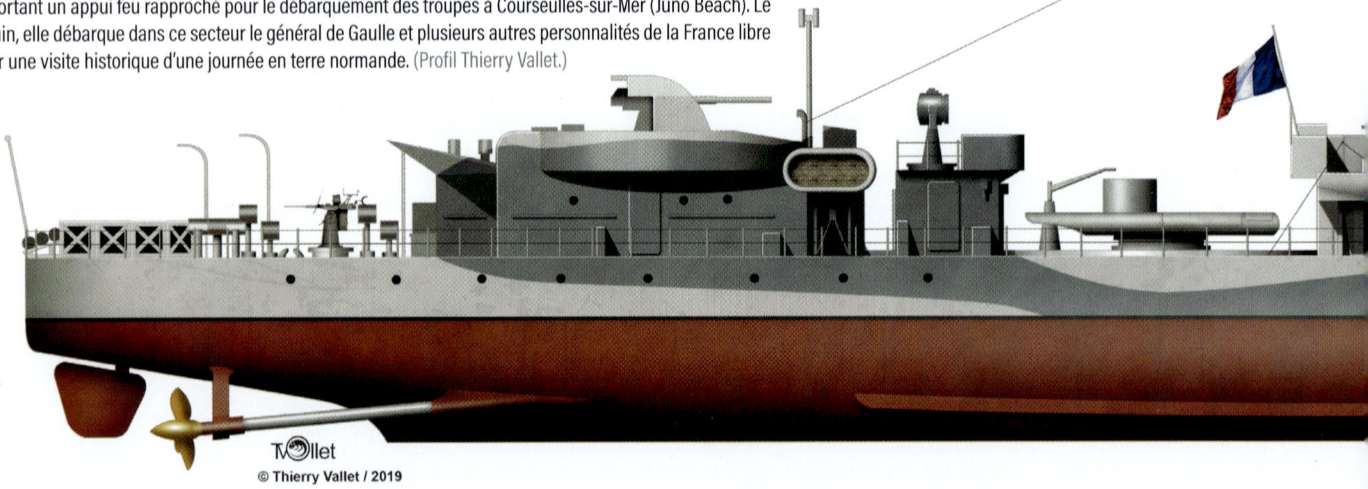

Croiseur *Georges Leygues*

Appartenant à la classe *La Galissonnière*, avec la *Gloire*, le *Montcalm*, la *Marseillaise*, et le *Jean de Vienne*, le *Georges Leygues* est l'un des six croiseurs de 2e classe français de 7 600 tonnes. Construit par les chantiers navals de Saint-Nazaire, il a été lancé an mars 1936.

Le *Georges Leygues* participe à la Seconde Guerre mondiale, d'abord sous le régime de Vichy puis avec l'armée française de la Libération à partir du début de l'année 1943, effectuant des patrouilles dans l'Atlantique avant d'être modernisé à Philadelphie de juillet à octobre 1943. Il prend part à l'opération *Neptune*, le 6 juin 1944, en appui feu des troupes américaines dans le secteur d'Omaha Beach et en canonnant la batterie de Longues-sur-Mer. (Profil Thierry Vallet.)

FICHE TECHNIQUE

Longueur : 85, 3 mètres.
Propulsion : Turbines à vapeur, deux hélices.
Puissance : 14 000 cv.
Vitesse maxi : 27 nœuds.
Armement : 2 tourelles doubles de 102 mm, 4 canons anti-aériens de 40 mm, 3 canons anti-aériens de 20 mm, 2 tubes lance-torpilles, grenadeurs et mortiers lance-grenades.
Électronique : 3 radars, 1 ASDIC.
Équipage : 181 hommes.

FICHE TECHNIQUE

Longueur : 179 mètres.
Propulsion : 2 turbines, 4 chaudières.
Puissance : 88 000 cv.
Vitesse : 32 nœuds.
Armement : 9 canons de 152 en trois tourelles triples, 4 canons doubles antiaériens de 90 mm, 24 pièces antiaériennes Bofors de 40 mm en six affûts quadruples, 16 canons de 20 mm Oerlikon Mk 4, 4 tubes lance-torpilles. Doté d'une catapulte, le *Georges Leygues* peut emporter quatre avions, dont deux logés à la mer dans un hangar spécial sur l'avant de la tourelle arrière.
Équipage : 540 hommes.

7

Les couleurs de la France dans l'armada alliée

D'un strict point de vue numérique, la participation des navires français au Débarquement peut paraître dérisoire. Importante sur le plan symbolique, elle va s'avérer fructueuse dès les premières heures du Jour J.

Le croiseur léger Georges Leygues, photographié en 1943. (Archives François Bellier.)

Le contre-amiral Jaujard, commandant le groupe naval *Georges Leygues-Montcalm*. (*Historique des Forces navales françaises libres.*)

L'insigne du *Georges Leygues*. (Archives François Bellier.)

Début 1944, alors que le plan d'ensemble du débarquement en Normandie est établi dans ses grandes lignes, l'état-major des FNFL a confirmation par l'amiral Bertram Ramsay, commandant en chef de la Force navale expéditionnaire alliée, que quelques unités françaises devraient faire partie de la plus grande flotte militaire jamais constituée.

Le plan définitif de l'opération *Overlord* est présenté le 15 mai à Londres au cours d'une conférence organisée par le *Supreme Head Quarter Allied Expeditionary Force* (SHAEF). Les principaux participants en sont le roi d'Angleterre George VI, le Premier ministre britannique Winston Churchill, le général Eisenhower, commandant en chef du corps expéditionnaire allié, le général Sir Montgomery, commandant en chef des forces terrestres, l'amiral Ramsay et l'*Air chief Marshall* Sir Leigh Mallory, commandant des forces aériennes tactiques.

Dans un premier temps, ce plan prévoit un débarquement en Normandie, et plus précisément dans la baie de Seine entre la base du Cotentin et l'est de l'Orne. Dès le Jour J, les avions et les unités navales devront acheminer dans le secteur déterminé cinquante mille hommes, sachant que l'effectif total acheminé sur la tête de pont devra être de trente neuf divisions, soit près de deux millions d'hommes, et deux millions de tonnes de matériel en moins de deux mois. Jugeant la base de l'attaque beaucoup trop étroite, Montgomery obtient finalement d'Eisenhower d'élargir la tête de pont vers l'Ouest et de faire participer à l'assaut cinq divisions supplémentaires, dont deux divisions aéroportées. En tout, ce sont donc plus de cent cinquante mille hommes qui devront être mis à terre le Jour J sur les cinq plages sélectionnées : Utah et Omaha (Manche), Gold, Juno et Sword (Calvados), soit un front d'environ quatre-vingts kilomètres.

Le choix de la Normandie, ainsi que l'étendue de la zone d'assaut, la constitution des premières vagues d'attaque et celle des échelons de renfort, constituent pour les planificateurs d'*Overlord* les réponses à trois considérations essentielles :

1. Forcer les défenses du Mur de l'Atlantique là où elles semblent les plus vulnérables.
2. Établir, ravitailler et élargir la tête de pont avec tous les moyens amphibies disponibles, et cela jusqu'à ce qu'un grand port normand ait été pris et remis en état.
3. Résister aux inévitables contre-attaques allemandes contre la tête de pont, ce qui suppose une supériorité aérienne totale de la part des Alliés.

La participation française revue à la hausse

Dans un premier temps, les Alliés n'envisagent la participation française à l'opération *Neptune* (la première phase d'*Overlord*, concernant tous les aspects maritimes) que par des navires légers, tous FNFL : le torpilleur *La Combattante*, quatre frégates, *L'Aventure*, *La Surprise*, *La Découverte*, *L'Escarmouche*, quatre corvettes, *Aconit*, *Roselys*, *Commandant d'Estienne d'Orves*, *Renoncule*, ainsi que plusieurs chasseurs et vedettes rapides.

Les forces navales de la France libre comptent alors quelque treize mille hommes, environ quarante bâtiments de guerre et une soixantaine de navires marchands. En plus des bâtiments initialement prévus pour le Jour J, les Français obtiennent finalement que soient ajoutés à l'effectif tricolore les croiseurs légers *Montcalm* et *Georges Leygues*, ces deux bâtiments devant ensuite rejoindre la Méditerranée pour soutenir le débarquement qui doit avoir lieu en

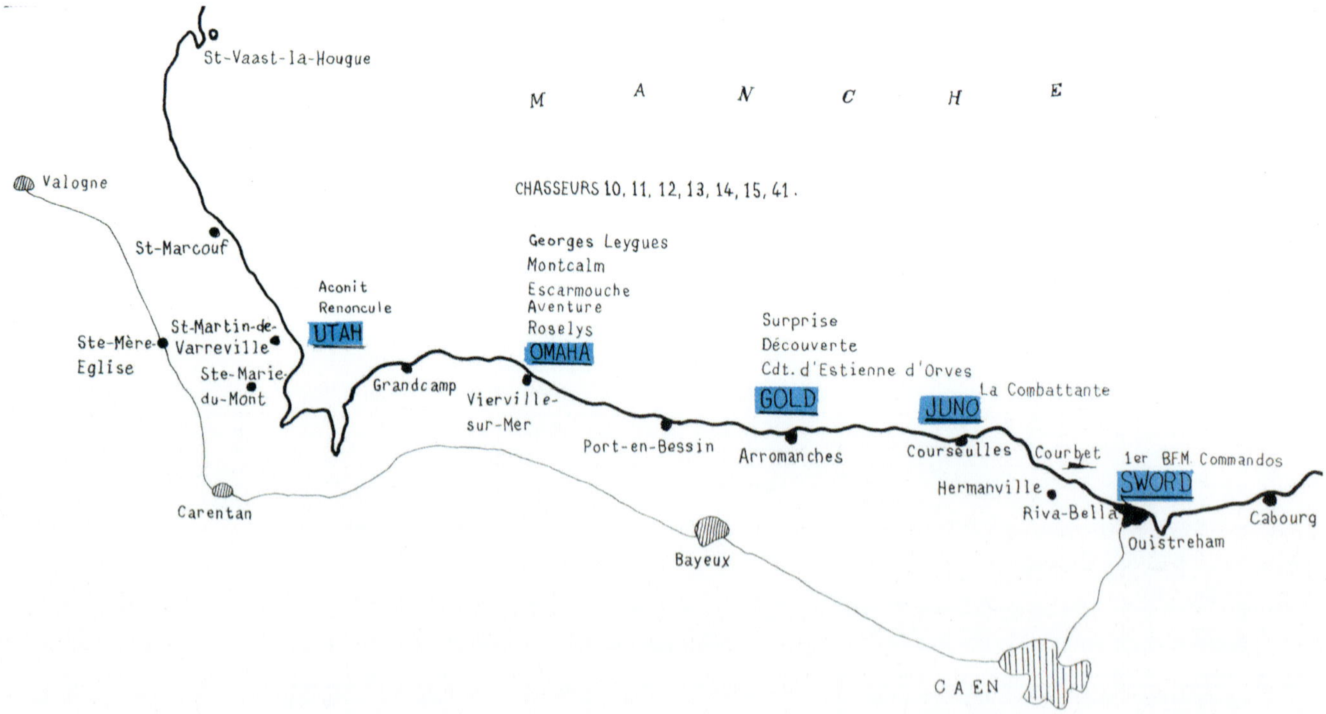

Les unités navales françaises engagées lors du débarquement en Normandie. (*Historique des FNFL*, tome 2.)

Provence dans le courant de l'été (opération *Anvil Dragoon*). Le *Montcalm* et le *Georges Leygues* constituent le groupe naval aux ordres du contre-amiral Jaujard, qui a hissé sa marque sur le *Georges Leygues* le 18 mai.

Le *Montcalm* et le *Georges Leygues* en appui feu

Appartenant à la classe *La Galissonnière*, le *Montcalm* et le *Georges Leygues* sont entrés en service au milieu des années 30 et font partie des six croiseurs de deuxième classe française de 7600 tonnes. Servis par un équipage de près de 550 hommes, ils disposent chacun de neuf canons de 152 mm en trois tourelles triples, complétés par des pièces antiaériennes de différents calibres. Et, comme on l'a vu au chapitre précédent, tous deux ont été sensiblement modernisés aux États-Unis au cours de l'année 1943.

À la mi-avril 1944, le *Montcalm* et le *Georges Leygues* appareillent d'Oran sous les ordres du contre-amiral Lemonnier. Une fois en Grande-Bretagne, les deux croiseurs commencent sans tarder à s'entraîner avec d'autres navires alliés au large de l'Écosse, effectuant des exercices qui portent sur le tir contre avion, le tir sur des cibles terrestres, ainsi que l'exploitation des transmissions et la navigation en compagnie de bâtiments plus grands qu'eux.

Le *Montcalm* (capitaine de vaisseau Deprez) et le *Georges Leygues* (capitaine de vaisseau Saurin) sont incorporés dans le groupe 124 de la *Western Task Force* américaine. Avec le cuirassé *USS Arkansas*, ils ont pour mission de mouiller, à l'aube du Jour J, à trois milles nautiques de Port-en-Bessin et d'appuyer de leur feu les forces d'invasion, notamment en prenant pour cible la redoutable batterie de Longues-sur-Mer dont les quatre canons de marine de 150 mm constituent une sérieuse menace pour l'armada alliée. Et une fois la tête de pont solidement constituée, leur artillerie de 152 mm devra soutenir la progression des éléments débarqués sur indication d'un observateur terrestre, «*Shore Fire Control Party*» (SFCP), ou sur renseignement fourni par avion.

La Combattante au large de Courseulles

En plus du *Montcalm* et du *Georges Leygues*, un troisième navire français a été choisi pour apporter un appui feu aux troupes d'assaut. Il s'agit du torpilleur *La Combattante*. Anciennement *HMS Haldon*, ce destroyer de la classe *Hunt* a été offert par le gouvernement britannique à la France libre à la fin de l'année 1942. Ce bâtiment de quatre vingt-cinq mètres de long, embarquant près de deux cents hommes, s'est illustré en Manche en portant secours à des équipages de bateaux et d'avions alliés, mais aussi en traquant sans répit les vedettes lance-torpilles de la *Kriegsmarine*.

Une photo exceptionnelle prise depuis le *Georges Leygues* : une partie de la flotte alliée voguant vers le côtes normandes à l'aube du 6 juin 1944. (Archives François Bellier.)

Des marins du *Georges Leygues*. (Archives François Bellier.)

Le torpilleur *La Combattante* est chargé de réduire les défenses ennemies à l'ouest de Courseulles-sur-Mer. (Fondation de la France libre.)

L'insigne de *La Combattante*. (Fondation de la France libre.)

Dotée d'une artillerie très puissante et de moyens de détection très modernes pour l'époque, aussi bien pour les avions que pour les sous-marins et les navires de surface, *La Combattante* est une remarquable unité de combat, adaptée aux patrouilles offensives sur les côtes de la Manche comme à la chasse des vedettes rapides ennemies, se révélant également très dangereuse pour les grands destroyers.

Commandée par le capitaine de Corvette André Patou, *La Combattante* est chargée de réduire les défenses ennemies à l'ouest de Courseulles sur-Mer, sur la plage même ou à sa proximité immédiate car ses canons de 102 mm sont d'une portée beaucoup plus faible que les pièces de 152 mm des croiseurs.

Les corvettes et les frégates en mission d'escorte

Voilà pour ce qui concerne l'appui feu des troupes d'assaut. Les frégates *L'Aventure*, la *Surprise*, *La Découverte*, *L'Escarmouche* et les corvettes *Aconit*, *Roselys*, *Commandant d'Estiennes d'Orves* et *Renoncule* ont pour mission d'escorter les navires de ravitaillement et de transport alliés en assurant leur flanc-garde, de même que les chasseurs 10 (*Bayonne*), 11 (*Boulogne*), 12 (*Bénodet*), 13 (*Calais*), 14 (*Diélette*), 15 (*Paimpol*) et 41 (*Audierne*). Quant aux six vedettes rapides lance-torpilles *Motor Torpedo Boat (MTB)*, battant elles aussi pavillon tricolore, elles ont pour mission de patrouiller au large des îles Anglo-Normandes afin de couvrir le flanc ouest de l'immense flotte alliée.

La frégate la *Surprise*, de construction anglaise, est chargée d'escorter les convois de débarquement dans le secteur de Gold Beach. (Association des Forces navales françaises libres.)

La frégate *L'Aventure*, de construction anglaise, est chargée d'escorter les convois de débarquement dans le secteur d'Omaha Beach. (Archives François Bellier.)

L'insigne de la frégate *L'Aventure*. (Archives François Bellier.)

Comme les corvettes FNFL, le *Montcalm* et le *Georges Leygues*, se sont entraînés en vue de l'opération *Neptune*, participant à de nombreux exercices d'escorte de convois, avec recherche radar et ASDIC, et tir antiaérien.

Les corvettes *Aconit* et *Renoncule* vont intervenir dans le secteur d'Utah Beach, les croiseurs *Georges Leygues* et *Montcalm*, les frégates *L'Escarmouche*, *L'Aventure* et la corvette *Roselys* dans le secteur d'Omaha Beach, la corvette la *Surprise* dans le secteur de Gold Beach, le torpilleur *La Combattante*, la frégate *La Découverte* et la corvette *Commandant d'Estienne d'Orves* dans le secteur de Juno Beach.

La frégate *L'Escarmouche*. (Fondation de la France libre.)

La corvette *Aconit* est chargée de l'escorte de convois de débarquement dans le secteur d'Utah Beach. (Association des Forces navales françaises libres.)

L'insigne de la corvette *Aconit*. (Fondation de la France libre.)

Des équipages français bien entraînés et très motivés

Bien sûr, sur le strict plan numérique, la participation française à l'opération *Neptune* est très faible, par rapport à l'ampleur des moyens réunis par les Alliés: une petite trentaine de navires sur près de sept mille bateaux de toute sorte, dont quatre mille engins et péniches de débarquement. Mais malgré leur nombre restreint et leur isolement au sein des formations anglo-américaines, les bâtiments français vont donner le maximum de leurs capacités et remplir avec succès leurs missions respectives.

Outre le fait que les équipages des navires FNFL sont aguerris grâce à leurs missions dans la Manche ou dans l'Atlantique au cours des dernières années et qu'ils ont suivi, comme nous l'avons vu, un solide entraînement avec les autres marines alliées au cours de ce printemps 1944, les marins français ont leur motivation renforcée par un sentiment de revanche vis-à-vis des Allemands et d'excitation à l'idée de combattre, cette fois, directement pour libérer leur pays, ce qui est le cas des équipages FNFL depuis 1940.

Le *Courbet* et le *Forbin* utilisés comme brise-lames

En plus des navires précités, la participation française à l'opération *Neptune* compte deux bâtiments destinés à servir de brise-lames (*blockships*). Le patrouilleur auxiliaire *Forbin* devra se saborder devant Arromanches (Gold Beach) et le cuirassé *Courbet* non loin de Ouistreham (Sword Beach), en face d'Hermanville.

À la différence du *Forbin*, la mission du *Courbet* ne se limite pas à ce rôle de *blockship*. Cet ancien fleuron de la Marine nationale, lancé en 1911 et qui a rejoint les Forces françaises libres dès le 20 juin 1940, doit constituer l'un des principaux éléments du dispositif antiaérien allié, comme il l'a fait avec succès à Portsmouth durant la bataille d'Angleterre, abattant plusieurs avions ennemis (lire chapitre 9).

Objectif Ouistreham pour les fusiliers marins commandos de Kieffer

Et enfin, il ne faudrait pas oublier les 177 hommes du 1er Bataillon de fusiliers marins commandos de la France libre (1er BFMC), commandé par le capitaine de corvette Philippe Kieffer (lire chapitre 8). Âgé de 44 ans, ce directeur de banque dans le civil est entré dans la Marine nationale le 10 septembre 1939 comme quartier-maître. Affecté sur le *Courbet*, il a participé à la bataille de Dunkerque. Au lendemain de l'armistice, il est parti pour l'Angleterre où il s'est engagé dans les FNFL le jour de leur création, le 1er juillet 1940, comme officier de réserve et interprète du chiffre.

L'équipage de la corvette *Renoncule* à Utah Beach, quelques jours après le 6 juin. (Coll. G. Ménage.)

L'insigne de la corvette *Renoncule*. (Fondation de la France libre.)

Intégré au *4th Royal Marine Commando* du lieutenant-colonel Dawson, le 1er BFMC doit débarquer au lieu-dit « La Brèche » (Sword Beach), à l'ouest de Ouistreham-Riva Bella. Sa mission est double : participer à la neutralisation des défenses allemandes sur la plage et s'emparer du casino de Riva-Bella que les Allemands ont rasé pour n'en garder que la base qu'ils ont transformée en puissant point fortifié. Parmi les bérets verts du « commando Kieffer » figure le quartier-maître de deuxième classe Léon Gautier. Ce Breton de 21 ans, engagé dans la Marine en février 1940, a servi comme apprenti-canonnier sur le *Courbet* avant de rallier la France libre en juillet de cette même année. Et, quatre ans plus tard, le voilà qui s'apprête à retrouver son pays natal, à l'endroit même où doit se saborder le navire à bord duquel il a fait ses débuts dans la « Royale »…

Dix chenaux de navigation dragués et balisés

Cette flotte composée de bateaux d'une dizaine de marines différentes est divisée en deux entités principales : la *Western Task Force* (secteurs d'Utah et Omaha) est commandée par le contre-amiral américain Alan Kirk, l'*Eastern Task Force* (secteurs de Gold, Juno et Sword)

Les corvettes *Aconit* et *Renoncule* en ligne de file. (Fondation de la France libre.)

La corvette *Roselys* est chargée d'escorter des convois dans le secteur d'Omaha Beach.
(Fondation de la France libre.

L'insigne de la corvette *Roselys*.
(Fondation de la France libre.)

Ci-dessous : sur la passerelle de la frégate *La Découverte*, le capitaine de corvette Yves Laurent, l'amiral Thierry d'Argenlieu, Herbecq, commandant Jean Recher.
(Fondation de la France libre.)

est sous les ordres de l'amiral britannique Sir Philip Vian, vétéran du débarquement en Italie.

Pour canaliser les quelque sept mille navires à travers la Manche infestée de mines, les planificateurs alliés ont prévu dix chenaux de navigation (deux par plage de débarquement), dragués et balisés quelques heures seulement avant le début de la traversée afin de préserver jusqu'au dernier moment le secret de cette gigantesque opération navale. Larges de 400 à 1 200 mètres, ces chenaux sont balisés par des bouées lumineuses rouges et vertes, mouillées à des distances variant de deux à cinq milles marins. Tous les commandants ont reçu une feuille de route sur laquelle sont mentionnées les heures de passage de chaque bateau aux différentes bouées.

Une *Task Force* de bombardement pour chaque plage

Mais l'opération *Neptune*, première phase de l'opération *Overlord*, ne se limite pas au transport des troupes jusqu'au littoral normand. Les navires de guerre placés sous les ordres de l'amiral Ramsay doivent également préparer l'assaut terrestre par un bombardement massif et assurer la protection des péniches de débarquement. Chacune des cinq plages dispose de sa propre *Task Force* pour effectuer cet indispensable appui-feu : *Task Force A* (Utah), *Task Force C* (Omaha), *Task Force D* (Sword), *Task Force E* (Juno) et *Task Force K* (Gold).

En plus de sa quinzaine de navires de guerre de la *Royal Navy*, la *Task Force K* compte une

Un cuirassé américain faisant feu sur des positions allemandes à l'aube du Jour J. (NARA.)

canonnière hollandaise (*HNLMS Flores*) et un destroyer battant pavillon polonais, l'*ORP Krakowiak*, construit en Grande-Bretagne et cédé en mai 1941 aux Forces navales polonaises libres.

Les batteries côtières comme principales cibles

Ce bombardement depuis la mer va intervenir en complément du pilonnage aérien massif commencé dans la nuit du 5 au 6 juin, alors que l'armada alliée vogue tous feux éteints vers la Normandie, par plus de trois mille bombardiers lourds et près de deux mille bombardier légers et moyens appartenant principalement à la *Royal Air Force* et aux *US Army Air Forces*.

Pour cette préparation d'artillerie navale, Ramsay peut compter sur près de cent cinquante navires de guerre, cuirassés, croiseurs et autres destroyers, auxquels s'ajoutent plus de trois cents chalands de débarquement spécialement équipés de canons et de tubes lance-roquettes. Les cibles principales sont, en toute logique, les puissantes pièces d'artillerie côtière qui menacent directement les bâtiments ennemis au large.

Le lundi 5 juin 1944 à la tombée de la nuit, le *Georges Leygues* et le *Montcalm*, stationnés depuis le 3 au large de Plymouth, prennent la direction de l'un des dix chenaux balisés conduisant aux plages normandes. Depuis le 31 mai, ces deux bâtiments n'ont plus aucun contact avec la terre et les deux jours suivants ont été consacrés aux derniers préparatifs, sachant que le Jour J avait été initialement fixé au 5 juin. Mais en raison du mauvais temps, avec des creux importants particulièrement dangereux pour les barges de débarquement (*Landing craft*), l'opération a été finalement reportée de vingt quatre heures sur ordre d'Eisenhower après consultation des rapports météo du *Group Captain* Stagg, chef prévisionniste au sein du quartier général allié.

François Bellier, canonnier sur le *Georges Leygues*

Parmi les quelque 550 hommes d'équipage du *Georges Leygues* figure l'Angevin François Bellier, 26 ans, qui sert comme canonnier sur ce bâtiment où il a été affecté en 1942. Son journal constitue un document exceptionnel et nous permet de vivre au plus près de l'action le commencement de l'opération *Overlord*.

Voici comment y sont relatées les toutes premières minutes du mardi 6 juin 1944, alors que, comme ses camarades artilleurs, François Bellier se tient prêt à son poste, portant cagoule et gants de protection contre les retours

Rassemblement des canonniers sur le pont du *Georges Leygues*. (Archives François Bellier.)

Photographié depuis le Georges Leygues, le cuirassé américain *Arkansas* faisant feu sur la côte normande à l'aube du 6 juin 1944. (Archives François Bellier.)

de flammes, dans l'attente de l'ordre fatidique d'ouvrir le feu :

« 2 h 30. Nous sommes à 22 km de la côte. Toute la nuit, nous voyons sur la côte du Cotentin de violentes explosions et tirs de DCA ennemie. L'aviation alliée fait son plus grand bombardement de nuit effectué jusqu'à présent. Des incendies éclatent un peu partout. Sommes tous gonflés à bloc.

3 h 00. Poste de combat. Les pièces sont prêtes à tirer.

4 h 00. L'ennemi lance des éclairants pour essayer de voir notre système d'attaque. Aucune réaction de l'aviation allemande. Nous avons la maîtrise absolue de l'air.

4 h 15. Des incendies formidables éclatent. Des pièces de DCA sautent, des gerbes de sable de 150 m de haut sont visibles.

4 h 30. Branle-bas de combat. Je rejoins mon poste dans la tourelle II, pièce n°3 (tourelle triple de 152 mm). Le lieutenant de vaisseau Cornilleau, directeur de tir, nous rend visite dans la tourelle et nous donne les dernières instructions. Nous sommes à 8 000 mètres de la côte, avec le Montcalm *et le cuirassé* Arkansas. *Nous sommes à Omaha Beach ».*

Le croiseur *Georges Leygues* a porté des coups au but contre la redoutable batterie de Longues-sur-Mer. (Photo J-C Stasi.)

Coups au but contre la batterie de Longues-sur-Mer

À 5 heures, les deux croiseurs français, dans le sillage de l'*USS Arkansas*, mouillent au large d'Omaha avec une vue sur Gold Beach, dans l'attente de l'heure H (6 h 30 en zone américaine). Le rivage normand n'est pas visible, caché par un rideau de fumée protecteur qui est l'œuvre des navires d'escorte.

Trente minutes plus tard, les premières salves de 152 du *Georges Leygues* engagent la batterie de Longues dont les tirs précis encadrent l'*Arkansas*, alors que les pièces légères du bâtiment français visent dans le même temps les positions ennemies sur la plage d'Omaha. La batterie allemande est – provisoirement – réduite au silence après un coup au but sur l'une de ses quatre pièces de 150 mm sous casemate.

Vers 5 h 50, tandis que le *Georges Leygues* engage les bunkers et les nids de mitrailleuses qui dominent Colleville, à l'est de la vallée du Suquet, le *Montcalm* ouvre le feu sur deux batteries de Port-en-Bessin qui menacent la plage d'Omaha.

Du pont de leur bâtiment, les marins français envoient de grands saluts aux chalands chargés de soldats qui défilent le long du bord.

À 6 h 30, lorsque les premières vagues d'assaut débarquent sur Omaha Beach dans la plus totale confusion, les deux croiseurs français cessent le feu, pour le reprendre peu après contre les batteries côtières allemandes.

Peu après 8 heures, un chaland bondé de blessés accoste le *Georges Leygues*, mais il est impossible de les embarquer.

Vers 8 h 40, sur indications de son observateur terrestre, le *Montcalm* détruit les deux cibles qui viennent de lui être désignées : deux nids de mitrailleuses à l'est et au sud de Sainte-Honorine-des-Pertes.

Plus tard dans la matinée, le *Georges Leygues* réduit au silence avec ses pièces de 90 mm et de 152 mm plusieurs points d'appui entre Port-en-Bessin et Vierville, grâce à la précision des renseignements transmis par les officiers de liaison débarqués à terre.

Appui feu jusqu'au 10 juin

Jusqu'à la fin de la journée, les deux croiseurs français continuent de faire feu contre des positions ennemies. Peu avant 19 heures, le *Georges Leygues* neutralise par deux coups au but une casemate de la batterie de Longues. Quant au

10 juin 1944. Des canonniers du *Georges Leygues* portant le bouquet de fleurs offert par une fillette de Port-en-Bessin. (Archives François Bellier.)

Montcalm, il engage encore vers 21 h 30 une concentration de troupes à Surrain sur demande de l'observateur terrestre.

Ces deux bâtiments vont poursuivre leurs missions d'appui feu jusqu'au 10 juin, avec des tirs de plus en plus loin à l'intérieur des terres pour soutenir la progression des troupes débarquées. En cinq jours, le *Georges Leygues* aura tiré plus de mille obus et le *Montcalm* 853.

Le 15 juin, en début de soirée, les deux croiseurs quitteront leur mouillage en face de Grandcamp pour retourner en Angleterre. Entretemps, leurs équipages auront pris le temps de renouer avec la terre de France et sa population. Le 10 juin, dernier jour des bombardements, quatre chalutiers de Port-en-Bessin portent sur le *Georges-Leygues* de magnifiques gerbes de roses en guise de gratitude.

La Combattante au plus près du rivage

La Combattante est au large de Juno Beach à 6h45 entre «La Rivière» et Courseulles-sur-Mer. Alors que les destroyers britanniques arborent l'enseigne blanche, le navire français hisse symboliquement le drapeau à croix de Lorraine face aux côtes normandes et s'approche au plus près du rivage, dépassant même les chalands de débarquement.

La Combattante s'échoue face à Juno Beach; mais malgré une pale d'hélice sérieusement endommagée, elle parvient à faire machine arrière. Dès 8 heures, le torpilleur de la France libre est entouré d'une gerbe de projectiles tirés par un point fortifié allemand et plusieurs membres d'équipages sont blessés. Grâce à une manoeuvre extraordinaire du capitaine de corvette Patou, le bâtiment parvient à se dégager une nouvelle fois. La pièce d'artillerie, abritée dans une maison, est réduite au silence.

Ce mannequin porte la tenue de l'enseigne de vaisseau de 1re classe François Corbasson, officier canonnier de *La Combattante*. Né 25 mars 1919 à Évreux, il a été l'un des premiers volontaires à s'engager dans les Forces Navales Françaises Libres. Pendant deux ans, il a commandé le *Commandant-Dominé* et assuré la protection de nombreux convois lors de la traversée entre l'Angleterre et les États-Unis. Pour son action lors du Débarquement, il a notamment reçu la troisième plus haute distinction militaire britannique, la *Distinguished Service Cross*. (Musée du Débarquement d'Arromanches.)

Des marins de *La Combattante*.
(Archives famille Zang.)

Cet objectif détruit, *La Combattante* cesse le feu et va mouiller à environ deux milles de la côte, au nord de l'embouchure de la Seulles. Elle va y rester, sans nouvel engagement, jusqu'à 19h30, heure où elle reçoit l'ordre d'appareiller pour escorter un bâtiment jusqu'à Portsmouth. Après réparation de sa pale d'hélice faussée par l'échouage, *La Combattante* ne va pas tarder à revenir en Normandie pour une mission qui la fera définitivement entrer dans l'Histoire (lire chapitre 10).

Les frégates et les corvettes jouent leur rôle protecteur

Que ce soit en secteur américain ou britannique, les frégates et les corvettes FNFL vont escorter de nombreux convois dès le début de l'assaut sur les plages et dans les jours qui suivent, assurant une protection efficace des cargos et des navires de débarquement. Dans l'ensemble, ces escortes n'ont pas donné à ces bâtiments l'occasion d'un contact direct ennemi. Signalons cependant que la corvette *Commandant d'Estienne d'Orves* effectua plusieurs grenadages entre le 16 et le 21 juin contre d'hypothétiques sous-marins. Toujours au sujet des quatre corvettes et des quatre frégates FNFL, il convient de souligner que ces allers et retours entre l'Angleterre et le rivage normand se sont effectués dans un état d'esprit dominé par la ferveur et l'émotion pour tous ces équipages n'ayant pas revu leur terre natale depuis plusieurs années.

Les mêmes sentiments animent les marins servant à bord des chasseurs et des vedettes rapides *MTB (Motor Torpedo Boat)* également armés par les FNFL. Après une première escorte de convoi effectuée par le chasseur 12 (*Bénodet*) dès le 6 juin, les autres bâtiments de la 1re division de chasseurs vont se rendre sur la côte normande les uns après les autres au cours des jours et des semaines qui suivent. Il en sera ainsi jusqu'à ce que ces missions d'escorte soient exclusivement confiées aux frégates et aux corvettes, navires plus rapides et mieux armés pour la lutte anti sous-marine.

Le seul événement notable concernant les chasseurs sera l'engagement du chasseur 10 (*Bayonne*) dans la nuit du 11 au 12 juin. Alors qu'il escorte une quinzaine de *LCT (Landing Craft Tank)* vers les plages du secteur américain, il met en fuite une vedette rapide de

L'une des six vedettes lance-torpilles *Motor Torpedo Boat (MTB)* battant pavillon de la France libre engagées dans la préparation et le déroulement de l'opération *Neptune*. Ici la 227. (Fondation de la France libre.)

Des vedettes *Motor Launch (ML)* battant pavillon de la France libre. (Fondation de la France libre.)

Les chasseurs de sous-marins ont pour mission d'escorter les navires de ravitaillement et de transport alliés en assurant leur flanc-garde. Ici le chasseur 41 (*Audierne*) et le chasseur 15 (*Paimpol*) (Collection Sclaminec.)

la *Kriegsmarine* se dirigeant vers l'avant du convoi.

Bâtiments les plus petits armés par les FNFL, les vedettes de la 23e flottille de *MTB* se sont montrées très actives dès le mois de mai, principalement dans les parages des îles anglo-normandes. Menées en préparation directe du débarquement, ces patrouilles offensives au départ du sud-ouest de l'Angleterre sont particulièrement dangereuses, compte tenu du fait que l'importante garnison allemande occupant cet archipel depuis juin 1940 est particulièrement bien dotée en puissants projecteurs comme en batteries côtières de gros calibre. L'activité des *MTB* de la France libre entre Aurigny et Guernesey, Jersey et Serk va se poursuivre jusqu'à la mi-août, marquée par plusieurs engagements avec des convois marchands allemands ou des bâtiments de la *Kriegsmarine*.

Les compliments du haut commandement allié

Quelle que soit leur taille, tous les bâtiments français engagés dans l'opération *Neptune* ont rempli leur rôle avec efficacité et détermination, remplissant la mission qui leur avait été confiée. La participation du *Georges Leygues* et du *Montcalm* sera d'ailleurs saluée par le haut commandement naval allié. *« Vous pouvez être fiers du résultat. Voulez-vous dire à l'officier*

L'insigne de la corvette *Commandant d'Estiennes d'Orves*, chargée d'escorter des convois dans le secteur de Juno Beach (Fondation de la France libre.)

La frégate *l'Aventure*. (Fondation de la France libre.)

Free France

R.F.

With the compliments of
FRANCE FOREVER
587 FIFTH AVENUE
NEW YORK, N. Y.

Liberté, Egalité, Fraternité.

Detailed CONTENTS (See last page of text)	40
The Allies land in France	1
French forces in Normandy, 7; Italian Front	10
Committee becomes Provisional Government of French Republic	15
Survey of Resistance Organizations	22
News from France	25
Problems posed by liberation	32

Vol. 6
No. 1
July 1
1944

FRENCH PRESS & INFORMATION SERVICE, 501 MADISON AVE., NEW YORK 22, N. Y.

Couverture de la revue *Free France* de juillet 1944. (Fondation de la France libre.)

canonnier que les tirs furent parfaits et que nous avons donné une bonne leçon aux Boches. L'armée avec laquelle nous étions a réellement apprécié l'aide que nous lui avons donnée et qui fut une des causes de la rapide avance de l'infanterie» écrit le commandement du groupe d'assaut de la Western Task Force américaine au capitaine de vaisseau Laurin, commandant du *Georges Leygues*.

«Il n'est pas exagéré de dire que la coopération de l'artillerie de tous les bâtiments de guerre fut le facteur principal qui permit l'établissement de la tête de pont de Normandie. Ce n'est pas du tout un fait nouveau, car on s'en était déjà aperçu à Salerne et à Nettuno» écrira pour sa part un correspondant de guerre allemand pour souligner l'efficacité des canons de la flotte alliée, le 6 juin 1944.

Deux mois plus tard, des navires français prendront de nouveau part à une opération alliée, cette fois en Provence.

Défilé des fusiliers-marins FNFL à New-York. Photo parue dans la revue Free France du 7 juillet 1944. (Association des Forces navales françaises libres.)

Cuirassé *Courbet*

Cuirassé lancé en 1911, navire de tête de la classe du même nom, le *Courbet* a participé à la Première Guerre mondiale. Converti en navire école d'artillerie durant l'entre-deux-guerres, il est réarmé lorsque la Seconde Guerre mondiale éclate et participe notamment à la défense de Cherbourg. Saisi en Angleterre par les Britanniques lors de l'opération *Catapult*, début juillet 1940, il est ensuite remis aux FNFL, servant de bâtiment antiaérien pour la défense de Portsmouth. Il navigue à travers la Manche pour la dernière fois en juin 1944, dans le cadre de l'opération *Neptune*, remorqué par les *HMRT Growler* et *HMRT Samsonia*, afin de servir de brise-lames au sein d'un des *gooseberries*. Il est sabordé le 9 juin à 13 h 30 devant Sword Beach, son épave étant surmontée d'un drapeau tricolore frappé de la croix de Lorraine. (Profil Thierry Vallet.)

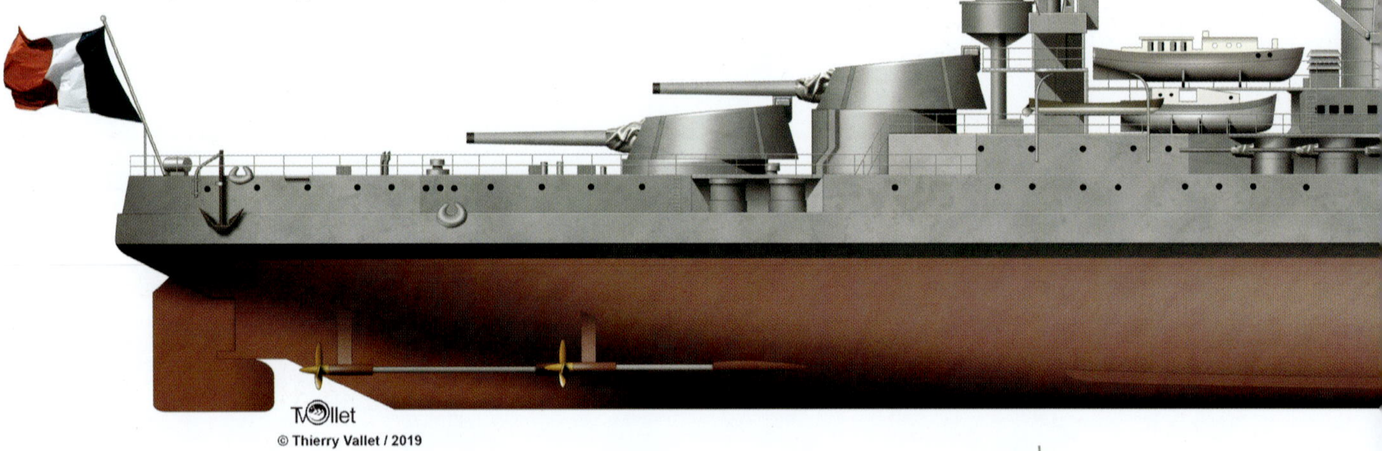

FICHE TECHNIQUE

Longueur : 62,7 mètres.
Propulsion : Machine à vapeur.
Vitesse maxi : 16 noeuds.
Armement : 1 canon de marine de 4 pouces, 1 canon de marine de 2 livres, 2 canons de 20 mm Oerlikon, 2 mitrailleuses Hotchkiss, 1 mortier anti-sous-marins, 4 lanceurs de grenades anti-sous-marines.
Équipage : 80 hommes.

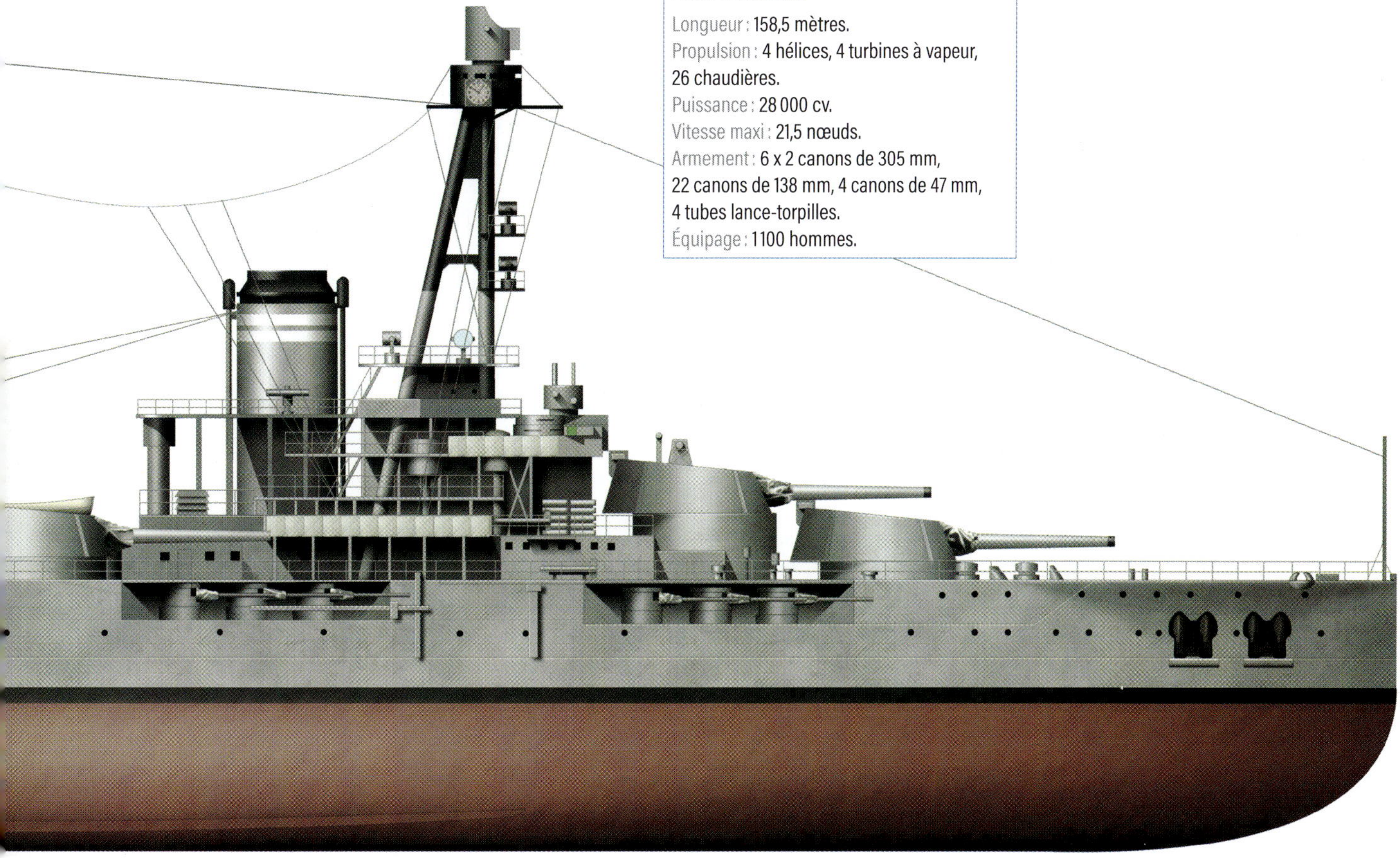

FICHE TECHNIQUE
Longueur : 158,5 mètres.
Propulsion : 4 hélices, 4 turbines à vapeur, 26 chaudières.
Puissance : 28 000 cv.
Vitesse maxi : 21,5 nœuds.
Armement : 6 x 2 canons de 305 mm, 22 canons de 138 mm, 4 canons de 47 mm, 4 tubes lance-torpilles.
Équipage : 1100 hommes.

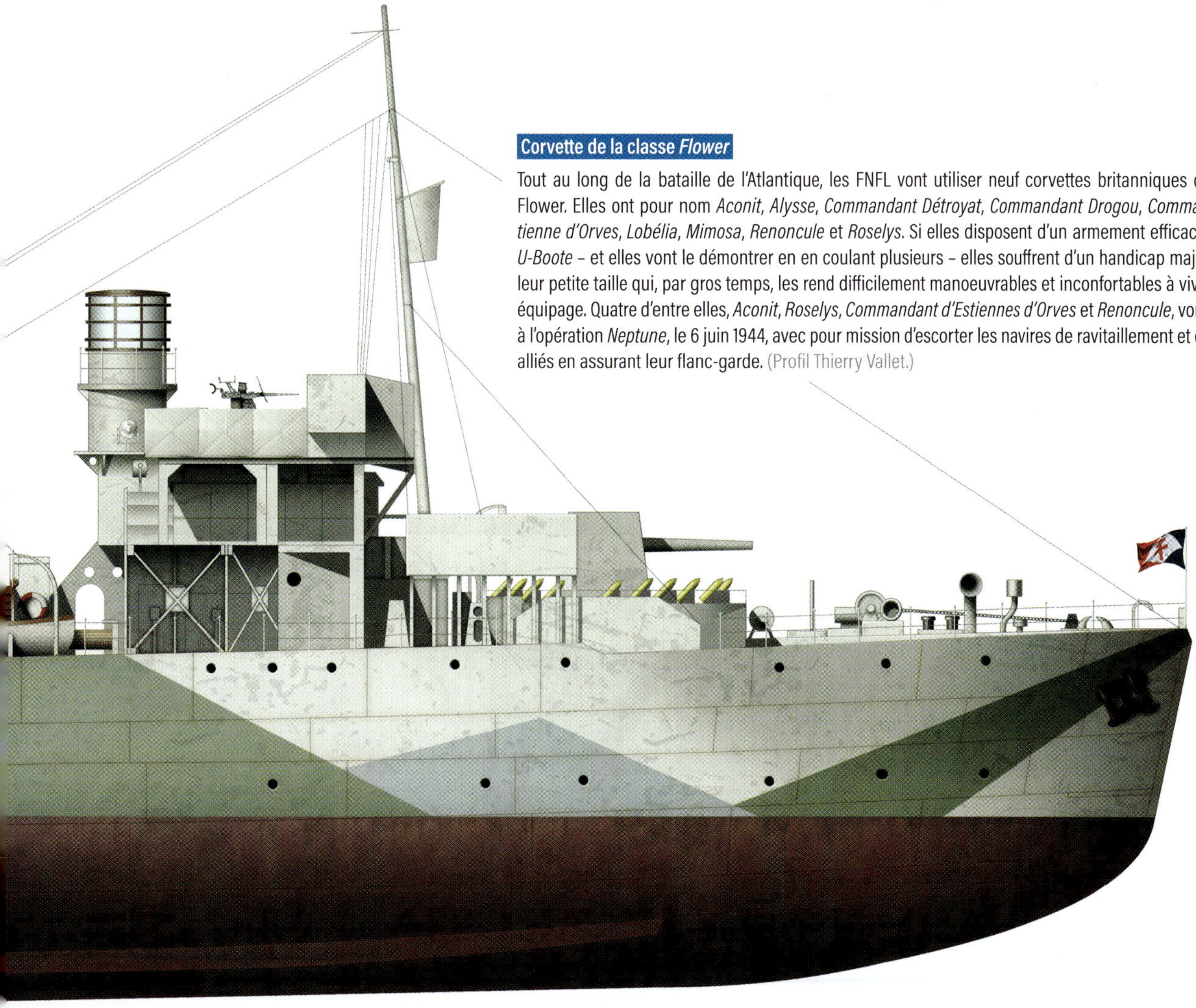

Corvette de la classe *Flower*

Tout au long de la bataille de l'Atlantique, les FNFL vont utiliser neuf corvettes britanniques de la classe Flower. Elles ont pour nom *Aconit*, *Alysse*, *Commandant Détroyat*, *Commandant Drogou*, *Commandant d'Estienne d'Orves*, *Lobélia*, *Mimosa*, *Renoncule* et *Roselys*. Si elles disposent d'un armement efficace contre les *U-Boote* – et elles vont le démontrer en en coulant plusieurs – elles souffrent d'un handicap majeur, à savoir leur petite taille qui, par gros temps, les rend difficilement manoeuvrables et inconfortables à vivre pour leur équipage. Quatre d'entre elles, *Aconit*, *Roselys*, *Commandant d'Estiennes d'Orves* et *Renoncule*, vont participer à l'opération *Neptune*, le 6 juin 1944, avec pour mission d'escorter les navires de ravitaillement et de transport alliés en assurant leur flanc-garde. (Profil Thierry Vallet.)

8

Le commando Kieffer s'illustre à Ouistreham

Au prix de sérieuses pertes dès leur débarquement, les hommes du 1er Bataillon de fusiliers marins commandos vont remplir leur mission avec succès sous les ordres du capitaine de corvette Philippe Kieffer.

La *Troop 8* du 1er Bataillon de fusiliers marins commandos, photographiée le 14 juillet 1943 au camp d'Achnacarry, en Écosse, l'école des commandos britanniques. (Musée N°4 Commando.)

Cent soixante-dix sept bérets verts français parmi les quelque trente mille hommes qui s'apprêtent débarquer sur *Sword Beach*, à l'extrémité est de la zone de débarquement, c'est peu. Mais comme pour les marins tricolores faisant partie de l'immense flotte alliée et les aviateurs des Forces aériennes françaises libres (FAFL), la valeur symbolique est incontestable en ce tout début de matinée du mardi 6 juin 1944.

Encore quelques mètres et apparaissent les défenses de la plage, poteaux et chevaux de frise entremêlés de barbelés. Un choc mou et les barges LCIS (*Landing Craft Infantry Small*) 523 et 527 s'immobilisent, à une centaine de mètres de la grève, précisément à l'endroit prévu, au lieudit « La Brèche » , sur la commune de Colleville-sur-Orne (aujourd'hui Colleville-Montgomery), à l'ouest de Ouistreham.

Il est 7 h 30. Avec des gestes sûrs et rapides, les matelots anglais déploient les passerelles de chaque côté de la proue et les premiers membres du 1er Bataillon de fusiliers marins commandos, intégré au *N°4 Commando* britannique du jeune colonel Dawson, se ruent sur la plage, ignorant le sifflement des obus et le jappement incessant des mitrailleuses.

Un projectile provenant d'un canon protégé par un encuvement bétonné frappe par l'avant gauche la barge 527, emportant les passerelles et blessant tous les officiers dont le capitaine de corvette Philippe Kieffer, 44 ans, banquier avant la guerre, qui commande avec charisme, courage et détermination cette unité de volontaires dont il est à l'origine. Les hommes valides s'empressent de débarquer par les passerelles

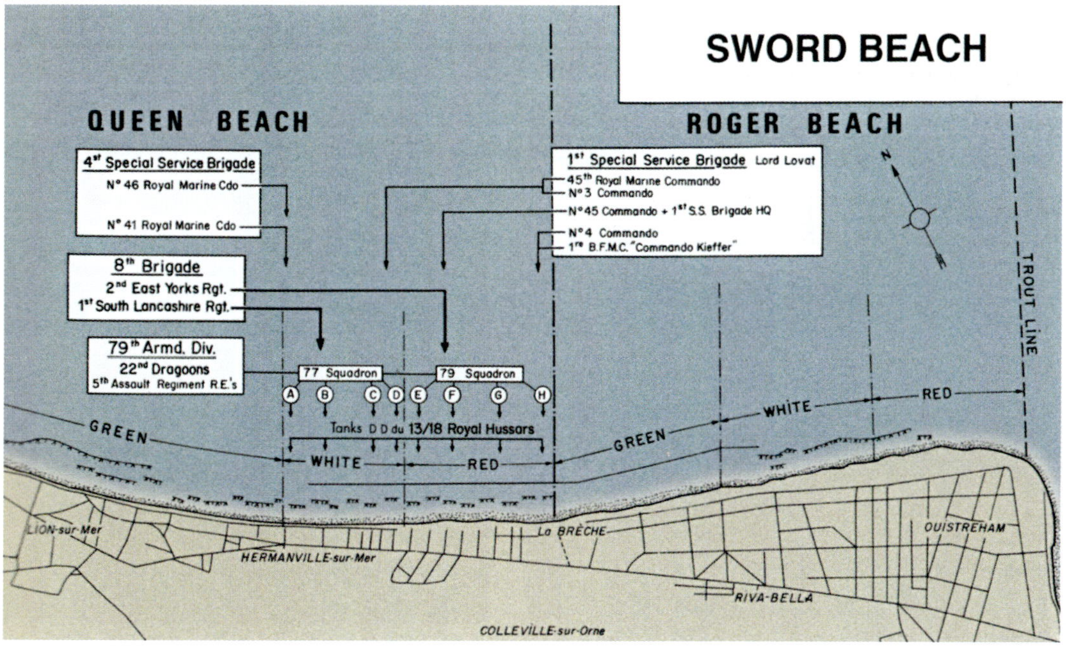

Le N°4 Commando franco-britannique, qui fait partie de la *1st Special Service Brigade* de Lord Lovat, doit débarquer au lieudit « La Brèche » sur la commune de Colleville-sur-Orne (aujourd'hui Colleville-Montgomery). (Archives Heimdal.)

Barges *Landing Craf Infantry Small (LCIS)* du N°4 Commando franco-britanniques quittant le port de Warsash pour la Normandie. (IWM.)

Léon Gautier en tenue de fusilier-marin de la France libre avant qu'il n'intègre les commandos. (Archives Léon Gautier.)

intactes de la 523, qui est venue se mettre à couple.

Droit devant, de l'autre côté de la plage, on distingue la colonie de vacances en ruine qui doit leur servir de point de ralliement. Courbés pour éviter les balles qui fusent de partout, les commandos français s'élancent sur le sable malgré le lourd sac à dos et l'uniforme trempé. Tous ont en mémoire les ordres reçus de leurs officiers juste avant le départ et répétés au moment de débarquer : se mettre le plus vite possible à l'abri dans les dunes, sans se préoccuper des morts et des blessés. *« Nous avons été tellement bien préparés à cet assaut que je ne suis pas surpris de la façon dont il se déroule. La seule différence, jusqu'à présent, ce sont les corps des copains qui commencent à joncher la plage, parmi les entonnoirs de bombes, les barbelés et les obstacles antichars »* se souvient le matelot de 1re classe Léon Gautier, membre de la *Troop 8*, qui suit comme son ombre son chef l'enseigne de vaisseau de 1re classe Alexandre Lofi. [1]

Une fois débarrassés des barbelés qui garnissent le sommet des dunes, les hommes de Kieffer ne sont pas tirés d'affaire pour autant. Il leur faut à présent traverser une zone signalée comme champ de mines. Aussi étonnant que cela puisse paraître, pas une seule mine n'explose à leur passage.

Les barbelés cisaillés et les mines derrière eux, enfin délestés de leur sac à dos dans les ruines de la colonie de vacances, les bérets verts français et leurs camarades britanniques du *N°4 Commando* doivent désormais se consacrer à leur mission. Ils sont chargés de nettoyer le secteur côtier le plus vite possible, puis de progresser dans les terres pour rejoindre les parachutistes de la 6e division aéroportée britannique, qui se sont emparés dans la nuit du pont de Bénouville, sur le canal de Caen à la mer, et du pont de Ranville, sur l'Orne. Tenir ces ponts est capital pour les Alliés. En effet, c'est par là, et par là seulement, que l'ennemi peut envoyer des renforts à l'ouest de l'Orne, où le gros du débarquement s'est effectué.

Mais avant cela, la *Troop 1* a pour objectif de s'emparer du casino de Ouistreham, que les Allemands ont rasé, n'en conservant que la base qu'ils ont transformée en bunker puissamment fortifié. Quant à la *Troop 8*, elle doit réduire au silence par l'intérieur toutes les défenses ennemies, qui tirent sans interruption sur les soldats en train de débarquer et les bâtiments s'approchant de la plage.

Commandée par l'enseigne de vaisseau de 1re classe Guy Vourch, la *Troop 1* comprend soixante neuf hommes et elle est renforcée par une moitié de la section K-Guns (mitrailleuses) de l'enseigne de vaisseau de 1re classe Pierre Amaury, soit douze hommes. La *Troop 8* est commandée par l'enseigne de vaisseau de 1re classe Alexandre Lofi ; elle compte soixante

La barge LCIS 527 transportant le commandant Kieffer et son état-major (13 hommes), la *Troop 1* du lieutenant Guy Vourch (69 hommes), plus l'autre moitié de la section K-Guns du lieutenant Pierre Amaury (12 hommes). (Profil Thierry Vallet.)

La barge LCIS 523 transportant la *Troop 8* du lieutenant Alexandre Lofi (71 hommes), plus une moitié de la section K-Guns du lieutenant Pierre Amaury (12 hommes). (Profil Thierry Vallet.)

La barge LCIS 523 quittant le port anglais de Warsash pour la Normandie. (IWM.)

et onze hommes, auxquels s'ajoutent les douze autres membres de la section K-Guns.

Il est environ 8 h 15 lorsque les commandos français se remettent en marche après avoir rapidement avalé quelques biscuits vitaminés. Moins d'une heure après avoir débarqué, ils comptent déjà trois tués (Dumenoir, Rousseau, Flesch) et vingt-six blessés dont tous les officiers de la *Troop 1*. Touché à une jambe et à la tête, le colonel Dawson continue d'encourager ses hommes. Frappé par un éclat d'obus à la cuisse, Kieffer refuse d'être évacué et continue d'assurer son commandement, après avoir été sommairement pansé par l'infirmier Gwen-Aël Bolloré.

Après avoir fait un court bout de chemin avec la *Troop 1*, la *Troop 8* bifurque vers la gauche pour s'attaquer aux défenses côtières. Les points

De la barge 519 où ont pris place Lord Lovat et son *piper* Bill Millin, on voit les autres *LCIS* de la *1st Special Service Brigade* faisant route vers la Normandie. (IWM.)

Ci-dessous : le Jour J à l'heure H sur le secteur RED de Sword Beach, à l'endroit où ont débarqué les commandos français. On voit les pieux plantés dans le sable et les tétraèdres pour entraver le débarquement. Sur la plage, un char est en train de brûler. (IWM.)

Après avoir traversé la plage et franchi le cordon de dunes, les commandos français et britanniques marchent vers les ruines de la colonie de vacances, leur point de ralliement. (IWM.)

La plage est sous contrôle après les combats du tout début de la matinée. (IWM.)

Les Allemands ont rasé le casino de Ouistreham pour n'en garder que les fondations sur lesquelles ils ont construit un bunker puissamment fortifié, objectif des commandos français. (Collection particulière.)

fortifiés sont pris l'un après l'autre, à la mitraillette ou à la grenade. Mais les snipers allemands, cachés dans les rares villas qui n'ont pas été rasées, éclaircissent les rangs des commandos. Jean Letang et Marcel Lebas sont tués en chemin. De même que le sous-lieutenant Hubert, touché d'une balle en pleine tête.

Finalement, les deux *Troops* françaises se rejoindront en milieu de matinée aux abords du casino, enlevé, au prix de nouvelles pertes (capitaine Lion, Paul Rollin, Émile Renault), grâce au renfort d'un char britannique détourné par Kieffer en personne.

Après avoir récupéré leurs sacs à la colonie de vacances, les commandos s'enfoncent dans

Le bunker construit sur les fondations du casino de Ouistreham. (Collection particulière.)

À l'intersection de l'avenue Maréchal Joffre et de la rue Pasteur, ce large fossé antichar va freiner la progression des commandos français vers le bunker du casino. (Musée du Grand Bunker - Fonds Lesage.)

les terres en direction d'Amfreville, sur la rive droite de l'Orne. C'est là qu'ils doivent effectuer leur jonction avec les paras anglais et retrouver le pittoresque Lord Lovat, commandant de la *1st Special Service Brigade*, dont fait partie le *N° 4 Commando*.

Au soir du Jour J, les pertes sont très lourdes pour le 1er BFMC. Sur 177 hommes, le commando compte déjà dix tués et une trentaine de blessés, soit près du quart de l'effectif.

Pendant près de trois mois, les commandos français et britanniques ne vont pas quitter les premières lignes. La première contre-attaque allemande survient dès le 10 juin. *« Toute la journée, nous avons essuyé des tirs d'artillerie et des mitraillages aériens. Un copain est tombé à quelques mètres de moi, le haut de la tête arraché. Mais nous avons tenu bon, conscients de l'importance de cette tête de pont pour la progression des troupes alliées. Notre résistance nous a valu les félicitations du maréchal Montgomery. Durant toutes ces semaines dans le bocage normand, nous menons une guérilla*

Ci-dessus : le bunker construit à proximité du belvédère causera bien des soucis aux hommes de Philippe Kieffer lors de l'attaque du casino. (Musée du Grand Bunker - Fonds Lesage.)

Le bunker a disparu, mais le belvédère est toujours là. (Photo Érik Groult - Heimfal.)

aussi dangereuse qu'usante pour les nerfs. Les Allemands sont si près qu'il nous arrive parfois de les entendre parler entre eux. À la nuit tombée, nous quittons nos tranchées pour partir en patrouille, nous enfonçant parfois jusqu'à deux kilomètres dans les lignes ennemies. »* raconte Léon Gautier. (2)

C'est au cours d'une contre-attaque allemande qu'est tué Guy Laot, dans un combat à la baïonnette, seul contre trois ennemis. Il a eu le temps d'en tuer deux avant d'être touché à son tour. *« Il était entré dans les fusiliers-marins en même temps que moi et, depuis, nous ne nous étions pas quittés. Nous aimions tant pratiquer la boxe ensemble. Ce n'est pas le premier copain que je perds depuis le 6 juin, mais jamais encore je n'ai été terrassé à ce point par le chagrin. Quoi qu'on en dise, la guerre est dure et*

Ci-contre : 9 juin. Les habitants d'Amfreville ont vite sympathisé avec les commandos français. (Musée N°4 Commando.)

Ci-dessous : 16 juillet, Amfreville. Le général Montgomery vient de décorer des hommes de la *1st Special Service Brigade*, dont Philippe Kieffer. (Musée N°4 Commando.)

moche. Voir tomber mes camarades est la pire douleur que j'ai vécue » se souvient Léon Gautier. [3]

Après avoir pris le village de Bavent à la mi-août, ce qui reste de la *1st Special Service Brigade* (moins d'un millier d'hommes sur 4 500) traverse la Dives et continue d'avancer à la poursuite des Allemands qui refluent vers la Seine. Le 21 août, les commandos sont transportés par camions vers Beaumont-en-Auge, afin de rétablir le contact avec les Allemands. Après Beuzeville, dans l'Eure, où ils sont accueillis comme des libérateurs, ils s'arrêtent à Saint-Maclou pour y prendre un repos bien mérité. Ça fait près de trois mois qu'ils combattent sans répit en première ligne. Depuis le 6 juin, ils ont parcouru plus de cent kilomètres, sans poser les armes, dormant une poignée d'heures, quand ce n'est pas quelques minutes seulement, entre deux attaques. Entre-temps, ils ont appris la libération de Paris et cette nouvelle a renforcé leur détermination.

Le 8 septembre, les bérets verts français embarquent à Arromanches sur un transport de troupes à destination de Folkestone. Trois mois et deux jours après avoir posé le pied sur le sol de France, ils vont refaire le voyage en sens inverse.

Sur les 177 hommes du 1er Bataillon de fusiliers marins commandos, seuls vingt-cinq n'ont été ni tués ni blessés. À Folkestone, les survivants sont accueillis par Lord Lovat et un orchestre qui joue la *Marseillaise* en leur honneur. En train, ils gagnent le camp de Petworth, dans les environs de Brighton. C'est là que leur sont accordées les premières permissions.

Mais pour les bérets verts français, la guerre est loin d'être finie. Près de cinq mois après le Jour J, le *N°4 Commando* sera envoyé en Hollande, avec pour objectif la prise de l'île de Welcheren, voisine de la Belgique, sur la côte sud du pays. C'est une position stratégique car l'importante garnison allemande de Welcheren empêche la prise du port d'Anvers, enjeu capital pour les Alliés.

Et cette fois, outre ses Français libres, Philippe Kieffer aura sous ses ordres deux *Troops* britanniques. L'opération sera un succès et dès la fin novembre 1944 Anvers pourra accueillir son premier convoi, permettant ainsi le ravitaillement des troupes alliées qui se battent plus à l'est.

Le 1er Bataillon de fusiliers marins commandos sera officiellement dissous le 1er mars 1946, mais son exemple va rapidement donner naissance aux commandos de marine, fer de lance des troupes d'élite françaises.

Sous la patte d'épaule « France », la « banane » du N°4 Commando franco-britannique et l'insigne des *Combined Operations* porté par l'ensemble des commandos. (Musée N°4 Commando.)

Stèle érigée sur la plage de Colleville-sur-Orne (aujourd'hui Colleville-Montgomery) où ont débarqué les 177 hommes du Commando Kieffer. (Photo Érik Groult - Heimdal.)

(1) Entretiens avec l'auteur, 2008.
(2) Ibid.
(3) Ibid.

9

La dernière mission du cuirassé "Courbet"

Ayant connu son baptême du feu durant la Première Guerre mondiale, le cuirassé *Courbet*, rallié à la France libre dès juin 1940, va terminer sa carrière comme brise-lames et batterie anti-aérienne en face de Sword Beach.

Le *Courbet* au mouillage face à Sword Beach, attendant l'ordre de gagner sa position définitive pour se saborder. (Historique des Forces navales françaises libres.)

Construit à Lorient au début des années 1910, le cuirassé *Courbet* a été lancé en 1911 et armé en novembre 1913. Il n'a pas tardé à connaître son baptême du feu. Durant la Première Guerre mondiale, il a passé la majeur partie du temps en Méditerranée, participant notamment à la destruction du croiseur austro-hongrois *Zenta* en août 1914.

Durant l'entre-deux-guerres, le *Courbet* a été modernisé à plusieurs reprises avant de connaître une remise en état finale entre avril 1937 et le septembre 1938. En 1939, il a retrouvé son rôle de navire d'entraînement en vue d'une mise en réserve future, mais le déclenchement de la Seconde Guerre mondiale en a décidé autrement. En juin 1940, le cuirassé *Courbet* a soutenu à l'aide de ses canons le repli des troupes alliées sur Cherbourg, avant de gagner Portsmouth. Il a été armé par les FNFL, et cela dès les premiers jours de la création des Forces navales française libres en juillet 1940. Ce véritable berceau des FNFL, pouvant accueillir jusqu'à 1200 marins, a joué le rôle de dépôt des équipages et de plate-forme de DCA, abattant cinq avions allemands. Autour de lui se sont agglomérés des éléments nouveaux, servant d'annexes ou de bâtiment-école. C'est ainsi que le *Courbet* a fourni la plus grande partie des équipages de la marine française libre.

Et voici qu'au printemps 1944 l'opération *Overlord* offre au valeureux cuirassé l'occasion de quitter l'Angleterre, où il était basé depuis quatre ans, pour une toute dernière mission. Et pas n'importe laquelle... En compagnie du croiseur anglais *HMS Durban*, du croiseur hollandais *Sumatra* et de six navires marchands, le *Courbet* doit être sabordé dans le secteur de Sword Beach pour constituer le brise-lames codé *Gooseberry 5*, en face d'Hermanville, à l'ouest de Ouistreham.

L'immense bâtiment doit également constituer une sorte de redoute, avec ses superstructures constamment hors de l'eau, même par les plus hautes marées, afin de tenir le rôle de DCA qui a été le sien à Portsmouth pendant la bataille d'Angleterre. Pour ce faire, les Britanniques lui ont ajouté deux batteries doubles équipées du redoutable canon Bofors de 40 mm et deux mitrailleuses Oerlikon de 20 mm. En revanche, pas question d'utiliser ses canons de 305 mm qui se trouvent dans un trop mauvais état.

Pour ce qui doit être sa dernière mission, le *Courbet* est commandé par le capitaine de vaisseau Roger Wietzel. Ironie de l'histoire, c'est à bord du *Courbet*, dont il était à l'époque le commandant adjoint, que cet officier de marine âgé de 45 ans a appris par la radio, le 17 juin 1940, la demande d'armistice du maréchal Pétain. Et Wietzel connaît d'autant bien le *Courbet* qu'il l'a fréquenté quasi quotidiennement à partir de l'été 1940, après que l'amiral Muselier l'eut chargé de procéder à l'armement en personnel et en matériel de tous les navires de guerre français qui s'étaient réfugiés en Angleterre, puis, à partir de la fin 1941, de prendre la direction de la marine marchande de la France libre.

En avril 1944, Roger Wietzel a retrouvé le *Courbet* non pas à Portsmouth mais à Portland. Sa première tâche a été de constituer un nouvel équipage de cent vingt volontaires, particulièrement compétents comme mécaniciens, chauffeurs, radaristes, canonniers, timoniers ou manœuvriers.

Pour préparer le sabordage, toutes les portes étanches ont été ouvertes et des ouvertures ont été pratiquées sous la flottaison dans les cloisons séparant les nombreux compartiments du

Le capitaine de vaisseau Wietzel commandant du *Courbet* pour sa dernière mission opérationnelle. C'est à bord de ce même bâtiment que, quatre ans plus tôt, le 17 juin 1940, il a appris que le maréchal Pétain appelait l'armée française à cesser le combat. À la suite de quoi il s'est engagé dans les FNFL. (Musée du N°4 Commando, Ouistreham.)

bâtiment. Enfin, des explosifs composés d'éléments de TNT ont été déposés dans les cales du navire : dix, de l'avant à l'arrière, chacun de 100 kg d'explosifs. L'amorce électrique de ces charges aboutit à une boîte d'accumulateurs placée dans un coffre portatif blindé, dont le capitaine de vaisseau Wietzel a la clé sur lui ; ce coffre portatif blindé est enfermé, à clé lui aussi, dans le poste de commandement de la passerelle.

Pour le protéger des sous-marins et des vedettes allemandes qui circulent de nuit dans la Manche, le *Courbet* est escorté par deux corvettes canadiennes, *Camrose* et *Baddek*. Et comme il n'a plus l'usage de ses machines, deux remorqueurs de haute mer, le *Growler* et le *Samsonia*, vont l'emmener jusqu'en Normandie à l'allure de cinq nœuds.

Le 8 juin, vers 9 heures, le *Courbet* mouille ses ancres en face de Ver-sur-Mer, attendant pour se saborder l'ordre du *HMS Durban*, navire amiral de l'opération, et lui aussi promis au sabordage. Peu après 10 heures, n'ayant toujours pas reçu l'ordre attendu, le capitaine de vaisseau Wietzel donne liberté de manœuvre aux deux corvettes d'escorte et ordonne à ses deux remorqueurs de le mener à Hermanville, plus à l'est, où doit avoir lieu le sabordage, à l'étale de haute mer, vers 13 heures.

Mais comme le *Durban* ne se trouve pas au rendez-vous, le *Courbet* se place sous la protection des croiseurs *HMS Rodney* et *HMS Ramillies*, occupés à faire feu sur les troupes allemandes contre-attaquant dans le secteur de Ouistreham.

Finalement, l'ordre du *Durban* arrive vers 15 heures : le *Courbet* doit aller mouiller le plus près possible du point de sabordage prévu afin d'y attendre l'étale de haute mer du 9 juin, entre 12 heures et 14 heures. Et c'est ainsi que le 9 juin, à 11 h 15, le vieux cuirassé s'ébranle une dernière fois pour gagner son point de sabordage au large d'Hermanville.

Il s'y immobilise vers 13 heures. À 13 h 15, le personnel se rend aux postes d'évacuation. Dix minutes plus tard, le commandant ferme lui-même le circuit qui provoque l'explosion des charges de sabordage. Le bâtiment coule parfaitement droit par onze mètres de fond, ses superstructures étant assurées d'émerger par tout temps compte tenu de son tirant d'eau. Trente cinq hommes du *Royal Artillery* restent à bord du navire sabordé pour assurer la défense anti-aérienne du *Gooseberry 5* (nom de code de la digue d'Hermanville).

Après le sabordage, l'équipage se rend à terre pour prendre contact avec la population. Avant de gagner le remorqueur *Growler* qui doit

Après le sabordage du *Courbet*, le drapeau tricolore flotte au mât de misaine tandis que le drapeau à croix de Lorraine des FNFL flotte au sommet du mât tripode. (Fondation de la France libre.)

Ci-dessus : le *Courbet* prêt pour sa dernière mission en face de Sword Beach, avec l'impressionnant mât tripode qui domine les superstructures du navire, s'élevant à trente mètres au-dessus de la ligne de flottaison. (Collection particulière.)

ramener les marins français en Angleterre, Roger Wietzel ramasse dans un champ un peu de la terre de France à l'intention du général de Gaulle. Il lui offrira le lendemain, samedi 10 juin, lors d'un déjeuner à Londres.

L'histoire du *Courbet* n'est pas terminée pour autant. Dans la nuit du 16 au 17 août 1944, il est frappé par des torpilles humaines allemandes *Neger*, sans que cela ne l'empêche de continuer à remplir efficacement son rôle de brise-lames.

Le commandement naval britannique ayant remarqué l'attirance que le cuirassé sabordé exerce sur les servants de l'artillerie côtière allemande et les aviateurs de la *Luftwaffe*, il décide de le rendre encore plus attractif en y faisant hisser un immense pavillon tricolore frappé de la croix de Lorraine.

L'épave du *Courbet* va rester en face d'Hermanville jusque dans les années 1950 avant d'être ferraillé.

Son pavillon de poupe est exposé au Musée d'Arromanches et son pavillon de beaupré se trouve à la mairie d'Hermanville.

La plage arrière du *Courbet* après son sabordage en face d'Hermanville. (Fondation de la France libre.)

Ci-dessous : le pavillon de poupe du Courbet est exposé au Musée du Débarquement d'Arromanches. (Musée du Débarquement d'Arromanches - Photo Érik Groult.)

Ci-dessous : extrait de la lettre de l'amiral Wietzel, commandant du *Courbet* pendant le Débarquement, racontant l'extraordinaire destin du pavillon de poupe du cuirassé. (Musée du Débarquement d'Arromanches - Photo Érik Groult.)

EXTRAIT D'UNE LETTRE DE L'AMIRAL WIETZEL AU DIRECTEUR DU MUSÉE D'ARROMANCHES

"Le pavillon de poupe du Cuirassé COURBET a une étrange histoire.

Il était à la corne du navire quand il a été sur les lieux du Débarquement de Normandie. Il est resté à cette place après le sabordement du navire.

Mais comme je devais rentrer à LONDRES avec mon Etat-Major et mon équipage, une fois ma mission de guerre accomplie, je n'ai pas voulu évidemment l'enlever car il était comme l'emblème vivant de la reprise de possession du territoire français.

Je l'ai donc confié à un Capitaine anglais du Royal Artillery qui était resté à bord pour assurer la défense anti-aérienne à bord du COURBET de tout le secteur, avec ordre de me le ramener plus tard. Ce Capitaine reçut l'ordre de se joindre bientôt avec sa batterie à l'armée de MONTGOMERY pour faire mouvement contre l'ennemi. Il mit donc le pavillon déjà très endommagé dans les fourgons de sa batterie ; si bien que ce pavillon a fait la campagne de France, celle de Belgique et celle d'Allemagne. Les Officiers anglais et quelques soldats prélevèrent chacun à titre de souvenir un petit morceau d'étamine rouge, si bien que le pavillon comporte tout le bleu, tout le blanc... et un tout petit morceau de rouge. Ce n'est pas un pavillon de parade. C'est un pavillon qui a une histoire ;

C'est un pavillon mutilé qui a fait la guerre, et quelle guerre.

A mon avis l'histoire est très belle et j'estime qu'elle doit être racontée succinctement en un petit placard qui sera mis à côté du pavillon".

signé WIETZEL.

10

"La Combattante" revient et entre dans l'Histoire

Après avoir participé avec efficacité aux opérations du Jour J, *La Combattante* va se distinguer de nouveau une semaine plus tard en ramenant en France le général de Gaulle pour une brève mais historique visite en Normandie.

Mercredi 14 juin 1944, sur la passerelle de *La Combattante*. Le général de Gaulle s'entretient avec l'amiral Thierry d'Argenlieu (à gauche) et le général Béthouart pendant la traversée vers la Normandie. (Collection famille Zang.)

Au soir du Jour J, *La Combattante* a accompli sa mission avec succès en apportant un soutien d'artillerie efficace à la 7e brigade canadienne sur le flanc ouest de Juno Beach. Tirant plus de quatre cents coups de 102 mm, elle a détruit plusieurs positions ennemies, dont une pièce de 88 mm camouflée dans une maison de Courseulles.

Et elle s'est approchée si près du rivage qu'elle a même talonné sur les hauts fonds, ce qui lui a valu au passage de recevoir un message à l'humour typiquement britannique en provenance du navire chef de groupe, le *HMS Venus* : *« Je suis heureux que ce soit un Français qui ait le premier touché le sol de France ».*

Après réparation à Portsmouth de la pâle d'hélice faussée par l'échouage, *La Combattante* ne va pas tarder à reprendre le chemin de la France. Une semaine plus tard, en ce début de matinée du mercredi 14 juin, par un temps gris et maussade, l'équipage du torpilleur a la grande surprise de voir monter à bord le général de Gaulle en personne, transporté par la vedette personnelle de l'amiral Ramsay, chef de l'opération *Neptune*.

Habillée de kaki, la haute silhouette du fondateur de la France libre domine les membres de son entourage qui vont l'accompagner pour ce retour historique en France métropolitaine, quatre ans après l'avoir quittée en juin 1940. Ils sont une petite vingtaine parmi lesquels l'amiral Thierry d'Argenlieu, les généraux Béthouart et Koenig, le colonel Billotte, son chef d'état-major particulier ; le colonel de Chevigné, qui doit rester en Normandie avec la mission de rétablir l'armature de l'armée française dans les zones

15 juin 1944 au matin, sur la passerelle de *La Combattante* au retour de Courseulles sur Portsmouth. Le général de Gaulle face à l'amiral Thierry d'Argenlieu (au centre, au premier plan), entre eux le capitaine de corvette André Patou, à l'arrière-plan, et à droite le général Bethouart, à gauche l'enseigne de vaisseau Jacques Zang. (ECPAD.)

Ci-dessus : mercredi 14 juin 1944. Le général de Gaulle entouré de l'équipage de *La Combattante*, qui vogue vers la Normandie. (Collection famille Zang.)

libérées ; Gaston Palewski, son directeur de cabinet ; Geoffroy Chodron de Courcel, compagnon du général de Gaulle depuis juin 1940 ; Pierre Vienot, ambassadeur à Londres du Gouvernement provisoire de la République française (GPRF).

Pour le général de Gaulle, ce voyage ne saurait se limiter à sa portée symbolique. Sa dimension politique est au moins aussi importante. Alors que ses relations avec Churchill sont loin d'être faciles et que Roosevelt continue de le considérer comme une sorte de rebelle agissant sans avoir été élu par son peuple, le fondateur de la France libre entend par ce déplacement affirmer la légitimité du GPRF et imposer son autorité auprès des Alliés dans la perspective d'asseoir la France à la table des vainqueurs à l'issue du conflit.

De Gaulle sait très bien que les Américains ont prévu de placer la France sous le contrôle de l'AMGOT (*Allied Military Government of Occupied Territories*), chargé d'administrer les territoires libérés en attendant l'établissement d'un gouvernement légitime, c'est-à-dire élu par le peuple. Il ne veut pas entendre parler de l'AMGOT, si cher au président Roosevelt, qui exerce déjà sa tutelle sur l'Italie depuis sa libération en 1943.

Pour faire valoir ses vues, de Gaulle peut compter sur François Coulet, qu'il a nommé deux jours plus tôt « commissaire de la République pour les territoires libérés ». Diplomate en poste à Helsinki à la déclaration de guerre, François Coulet a rejoint la France libre dès juin 1940, devenant chef de cabinet du général en 1941, puis commandant de l'infanterie parachutiste.

En septembre 1943, de Gaulle l'a envoyé en Corse comme secrétaire général de la police. Avec ses talents de diplomate, François Coulet a su gérer avec succès la transition entre l'administration du régime de Vichy et celle que veut mettre en place la France libre. Sa mission accomplie sur l'île de Beauté, il a été parachuté sur le continent pour gérer cette transition dans les territoires libérés dès le débarquement.

« Cap sur la Normandie ! »

L'ordre que vient de lancer l'amiral Thierry d'Argenlieu alors que *La Combattante* s'apprête à quitter la rade de Portsmouth confirme ce que pressentait l'équipage : le valeureux torpilleur, figure et symbole de la France libre, repart pour la France, avec à bord deux cent cinquante millions de francs en billets, en riposte aux coupures de cent francs émises par les États-Unis sur le modèle du dollar US, et que le général de Gaulle a qualifiées de *« fausse monnaie »*.

Peu avant 13 heures, le général de Gaulle fait réunir l'ensemble de l'équipage sur la plage avant pour une brève prise d'armes au cours de laquelle il remet au navire et à son commandant, le capitaine de corvette André Patou, la croix de guerre avec palme en récompense de ses combats victorieux dans la Manche.

— *La Combattante* est désormais un bateau historique ! Vous entrez dans l'Histoire avec lui ! conclut le général de Gaulle.

Il est 13 h 40 lorsque le véhicule amphibie DUCKW 353 ayant assuré la navette dépose le

Ci-dessus : mercredi 14 juin 1944, vers 13 heures. Avant de descendre à terre, le général de Gaulle remet au capitaine de corvette André Patou, commandant de *La Combattante*, la croix de guerre avec palme, lors d'une prise d'armes réunissant l'ensemble de l'équipage. (Collection famille Zang.)

Ci-dessous : à bord de *La Combattante*. Au premier plan, à droite, l'enseigne de vaisseau Jacques Zang. (Collection famille Zang.)

Arrivée du général de Gaulle sur la plage de Juno Beach, à la limite entre les communes de Graye-sur-Mer et Courseulles, en compagnie de l'amiral Thierry d'Argenlieu et du général Koenig. (Fondation de la France libre.)

général de Gaulle sur la plage du secteur Juno Beach, à la limite des communes de Graye-sur-Mer et Courseulles-sur-Mer. Sans tarder, le chef de la France libre monte à bord d'une jeep qui l'emmène directement au château de Creullet, sur la commune de Creully, où a établi son QG le général Montgomery, commandant du 21e groupe d'armée allié, qui regroupe toutes les forces terrestres de l'opération *Overlord*.

Après la rencontre avec « Monty », direction Bayeux, à une douzaine de kilomètres à l'ouest de Creully. Accueilli triomphalement vers 16 heures par la population, De Gaulle prend symboliquement possession de la sous-préfecture, puis il s'adresse aux milliers d'habitants massés place du Château (aujourd'hui place de Gaulle). Cette première allocution sur le territoire libéré est suivie d'une *Marseillaise* reprise par la foule immense.

L'hymne national à peine terminé, le général et sa suite remontent à bord des jeeps, direction Isigny, encore plus à l'ouest, qui a subi de gros dommages du fait des bombardements, pilonnée par l'artillerie navale alliée comme par les batteries allemandes. Après Isigny, le petit convoi prend le chemin du retour, faisant une courte halte à Grandcamp. Il est environ 21 heures lorsque de Gaulle et ses compagnons regagnent *La Combattante*, et il fait encore jour en cette soirée de la mi-juin 1944.

L'ordre reçu de la *Royal Navy* de ne pas appareiller avant l'aube n'altère pas la bonne humeur régnant à bord. Visiblement, le général est heureux et sa satisfaction est rapidement communicative. Il est heureux d'avoir réussi son coup vis-à-vis des Alliés, mais aussi d'avoir pu mesurer à quel point sa popularité est grande dans ce pays qu'il n'avait pas revu depuis quatre ans.

Le lendemain, à 5h30, le torpilleur lève l'ancre à destination de Portsmouth. Le général de Gaulle vient de remporter une nouvelle victoire, cette fois sur le terrain diplomatique et populaire. Et

Le général de Gaulle sur la plage, peu après son arrivée. Il est accompagné de François Coulet (à sa gauche), de Maurice Schumann (à sa droite) et de Pierre Viénot (2e en partant de la gauche), ambassadeur du Gouvernement provisoire de la République française (GPRF) auprès des Britanniques. (Collection famille Zang.)

Ci-dessus : 14 juin 1944. Le général de Gaulle dans les rues de Bayeux, escorté par la population qui lui fait un triomphe. (IWM.)

14 juin 1944. Le général de Gaulle sort de la sous-préfecture de Bayeux, dont il vient de prendre possession au nom de la France libre. À sa sortie, il est chaleureusement accueilli par les Bayeusains. (IWM.)

La Combattante est définitivement entrée dans l'Histoire.

Le reste du mois de juin se passe en patrouilles dans la Manche, dans un premier temps au large de l'Angleterre, puis entre Barfleur et le cap d'Antifer. À partir de juillet, *La Combattante* est de retour à Courseulles, d'où elle va opérer en baie de Seine, effectuant de nombreuses sorties pour la plupart infructueuses.

Le 21 août, le navire regagne l'Angleterre où il est affecté aux forces côtières de Porstmouth.

Ci-dessous : *La Combattante*, destroyer de la classe *Hunt* particulièrement apte au combat de nuit, a été armée par les FNFL le 15 décembre 1942. Après une longue période d'entraînement à Tobermory et Scapa Flow, elle est rattachée à la *1st Destroyer Flotilla* de la *Royal Navy*, basée à Portsmouth, où elle assure une activité soutenue d'escortes et de patrouilles en Manche, passant près de cinq jours sur six à la mer. (Collection famille Zang.)

La Combattante en Normandie. Photo parue dans le magazine *Free French* en juillet 1944. (Collection famille Zang.)

Quelques jours plus tard, le torpilleur à croix de Lorraine participe avec succès à deux engagements. Dans la nuit du 25 au 26 août, lors d'une patrouille ayant pour mission d'attaquer tous les navires ennemis se dirigeant vers le Havre ou en sortant, *La Combattante* détruit un chalutier armé et deux navires de commerce.

Deux jours plus tard, dans la nuit du 27 au 28 août, alors qu'elle opère de nouveau avec le *HMS Thornborough* et des vedettes rapides *MTB*, *La Combattante* repère un convoi allemand entre Antifer et Étretat, composé de chalutiers armés et de vedettes torpilleurs. Prise sous le feu de plusieurs bâtiments ennemis et des batteries côtières, elle réussit néanmoins à détruire le chalutier de queue. D'autres bâtiments de ce convoi sont plus ou moins endommagés par la patrouille franco-britannique. L'activité maritime allemande dans le secteur le Havre-Fécamp-Dieppe approche désormais de son terme. Le 29 août, le *Befehlshaber Sicherung West* (Commandant des forces de sûreté sur le théâtre Ouest) ordonne de miner et de bloquer le Havre et de procéder à l'évacuation de tous les ports situés à l'ouest de Boulogne.

Octobre 1944 voit le départ du commandant André Patou, appelé à de plus hautes fonctions à Paris. Le nouveau pacha de *La Combattante* est le capitaine de corvette Jacques Pépin Le Halleur, engagé dans la France libre en décembre 1940.

Basé à Sheerness, dans le sud-est de l'Angleterre, le torpilleur va escorter des convois à destination de l'Amérique et de la Belgique. Le 22 décembre, *La Combattante* est ainsi le premier navire français à entrer dans le port d'Anvers.

Le 20 janvier 1945, *La Combattante* appareille pour une traversée qui restera dans les mémoires. En effet, la destination est Brest, où le navire fait son entrée quatre jours plus tard. Stupeur et émotion sont au rendez-vous.

Stupeur face à ces ruines à perte de vue dans une ville presque totalement détruite. Émotion pour certains de retrouver cette Bretagne qu'ils ont quittée près de cinq ans plus tôt pour rallier le général de Gaulle.

Le 10 février, *La Combattante* quitte Brest pour retourner en Angleterre. De retour à son port d'attache, elle est affectée à protéger les accès du port d'Anvers, par lequel arrive la plus grande partie du ravitaillement destiné aux troupes alliées se battant en Allemagne.

Dans la soirée du 23 février 1945, elle appareille pour une nouvelle patrouille en mer du Nord dont le but est la défense de la route entre la Tamise et l'Écosse, sur laquelle des vedettes rapides allemandes basées en Hollande mouillent souvent des mines. Elle est accompagnée des vedettes MTB 763 et MTB 770.

Peu avant minuit, alors qu'elle marche à douze nœuds par une nuit de pleine lune et une mer calme au large de l'estuaire de la Humber (côte nord-est de l'Angleterre), l'explosion d'une

Ci-dessus et ci-contre : été 1944. Permissionnaires de *La Combattante* avec des habitants de Courseulles.
(Fondation de la France libre.)

mine de fond allemande brise la coque en deux à peu près par le milieu.

Voici comment le quartier-maître mécanicien Marcel Virmontois relate ce drame dans son journal : *« 23 h 40. Une secousse terrible. Un bruit formidable d'assiettes qui se cassent, de ferraille qui se tord et se déchire. (...) Dans le poste, tables, valises et toutes sortes d'objets sont sur le parquet. Je ne perds pas mon temps à faire un examen complet du lieu où je me trouve. Sans même penser à prendre ma bouée de sauvetage après avoir dit « on coule », je monte sur le pont dans la même tenue que j'avais pour dormir : tricot, jersey. L'échelle qui mène sur le pont est toute tordue. Arrivé sur le pont, je me rends compte de la gravité de la situation. L'arrière se relève et prend une gîte formidable sur tribord... Pendant ce temps, un à un, mes camarades sortent du poste, les uns par la coursive où déjà l'eau commence à pénétrer, les autres par le panneau arrière. Personne ne semble plus sortir. Tout le monde doit être sur le pont. Un camarade se penche au panneau et demande s'il reste quelqu'un en bas. Personne ne répond ; alors, il ferme le panneau afin d'empêcher l'air de sortir des fonds. (...) »*

Le monument érigé à Courseulles-sur-Mer pour rappeler l'arrivée du général de Gaulle, le 14 juin 1944. (Photo Denis Zang.)

Marcel Virmontois aura la chance d'être recueilli par une des deux vedettes de la *Royal Navy*. Voici la fin de son poignant récit : *« L'un des marins anglais m'aide à descendre à l'abri. Au bas de la descente, je trouve le patron mécanicien assis, la figure couverte de mazout et saignant du nez. Arrivé en bas, un matelot anglais m'enlève mon jersey et mon tricot et m'essuie avec une serviette. Il me conduit ensuite à une couchette où je m'allonge avec trois couvertures. J'ai terriblement froid et suis secoué de gros tremblements. J'appelle et l'on vient à nouveau me frictionner. On m'apporte une tasse de café bien chaud, mais je continue à trembler. Un moment plus tard, je peux boire une bonne demi-tasse de rhum en compagnie de mes camarades, ce qui nous rend le sourire... J'apprends que sur les dix hommes accrochés au filet au départ, six seulement sont sauvés ».* [1]

La Combattante comptait un effectif de 185 hommes, y compris le commandant. Trois officiers, soixante-deux officiers mariniers et marins sont portés disparus, ainsi que deux

La stèle érigée à Courseulles à la gloire des marins de *La Combattante.* (Photo Denis Zang.)

membres de la *Royal Navy*. En outre, un officier marinier décède à bord de la vedette MTB qui l'a recueilli. Il y a donc cent dix-sept survivants.

(1) in *Historique de La Combattante, torpilleur des FNFL*, Service historique de la Marine, 1971.

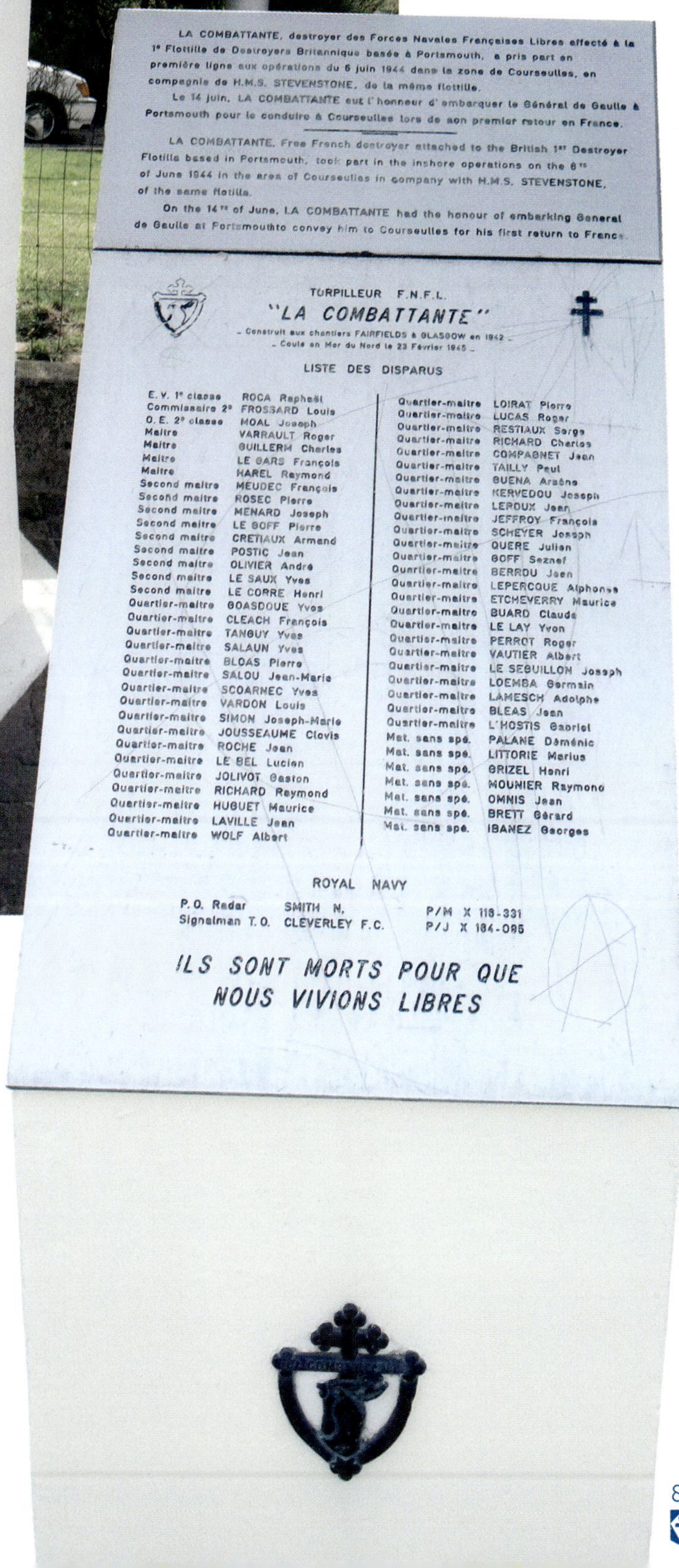

Juste à côté de la stèle, ce petit mémorial comporte les noms des soixante-cinq marins de *La Combattante* et des deux membres de la *Royal Navy* morts dans le naufrage du navire après qu'il eut sauté sur une mine, dans la nuit du 23 au 24 février 1945. (Photo Denis Zang.)

11

Le débarquement en Provence après celui de Normandie

Deux mois après la Normandie, la marine française participe à un nouveau débarquement allié, l'opération *Anvil Dragoon* sur les côtes de Provence. Avec une trentaine de bâtiments en escorte ou en appui-feu des troupes d'assaut.

Ci-contre : le *Georges Leygues* fait feu sur les positions allemandes lors du débarquement en Provence. (Archives François Bellier.)

Bombardement du croiseur *Georges Leygues* par la redoutable batterie allemande de Saint-Mandrier. (Archives François Bellier.)

C'est le 23 juin 1944 qu'est prise la décision définitive d'un débarquement en Provence, l'opération *Anvil Dragoon*, avec pour objectifs de libérer Toulon, Marseille, puis de remonter le Rhône jusqu'à effectuer la jonction avec les forces débarquées en Normandie. La Provence a été finalement préférée à la côte du Languedoc, initialement prévue, car elle présente le grand avantage de posséder deux grands ports, Toulon et Marseille, dotés d'installations suffisantes.

S'il y aura, comme en Normandie, des éléments précurseurs parachutés ou acheminés par planeurs et si l'étendue du secteur choisi est comparable (70 km entre le cap Nègre, à l'est de Toulon, et Anthéor, au sud de Cannes, contre plus de 80 km pour l'opération *Overlord*), les autres données du problème sont bien différentes. Il n'y a pas eu de paramètres de marées et de courants à prendre en compte pour planifier l'assaut. De plus, les défenses allemandes sont bien plus faibles que sur la Manche. Certes Toulon et Marseille bénéficient de nombreuses pièces d'artillerie de gros et moyen calibre, mais le reste du littoral est beaucoup plus faiblement protégé et la plupart des canons positionnés le sont à ciel ouvert.

Quant au rapport des forces, il est incontestablement en faveur des Alliés, et cela aussi bien sur le plan terrestre, qu'en mer ou dans le ciel. Le débarquement en Normandie ayant entraîné de sérieuses ponctions vers le nord-ouest de la France, en cette mi-août 1944 la XIXe armée allemande du général Friedrich Wiese ne compte plus que 250 000 hommes, dont la valeur combattante est d'ailleurs très inégale. Face à elle, la VIIe armée commandée par le général américain Alexander Patch est forte de 450 000 hommes, parmi lesquels les différentes unités de l'armée B (française) sous les ordres du général de Lattre de Tassigny.

La disproportion est tout aussi marquée dans le domaine aérien, avec quelque cinq mille avions alliés contre environ deux cents dont dispose la *Luftwaffe* dans le sud-est de la France et en Italie. Quant à la *Kriegsmarine*, elle a pratiquement disparu de la Méditerranée, ne pouvant plus aligner qu'une douzaine de sous-marins et quelques torpilleurs ou escorteurs, qui sont pour la plupart des navires provenant des marines française ou italienne.

Face à cette présence navale allemande quasi insignifiante, les Alliés alignent un nombre impressionnant de navires. La *Western Naval Task Force (NWTF)* du vice-amiral américain Hewith compte en effet plus de cinq cents bâtiment de toute sorte, parmi lesquels cinq navires de ligne, vingt-cinq croiseurs, neuf porte-avions, quatre vingt-sept destroyers, soixante-quatre avisos, corvettes et escorteurs.

L'ordre d'opération ANOR-1 du 24 juillet précise les objectifs des trois forces navales prévues pour attaquer les plages choisies le Jour J à l'heure h (mardi 15 août à 8 heures).

La force Alpha est chargée de débarquer la 3e division US sur les plages de la zone Cavalaire-Pampelune. À « J +1 », elle doit assurer le débarquement du premier échelon de l'armée B du général de Lattre de Tassigny. La force Delta doit pour sa part débarquer la 45e division US dans la zone Saint-Tropez-Bougnon. Elle doit également mettre à terre le premier échelon de l'armée B.

Quant à la force Camel, elle doit assurer le débarquement de la 36e division US et du 1er *Combat-Command* (appellation américaine pour groupement tactique) de la 1re division blindée française (1re DB), créée en mai 1943. Ensuite, la force Camel elle doit procéder à la mise à terre du second *Combat-Command* de la 1re DB.

Enfin, la force Sitka, elle doit soutenir le débarquement sur les îles de Port-Cros et du Levant, ainsi qu'au voisinage du cap Nègre et du cap Bénat.

La flotte alliée compte trente-quatre bâtiments français sous les ordres du contre-amiral Lemonnier, commandant en chef des forces navales

Ci-dessus : l'aviso *Commandant Dominé*, premier navire FNFL à avoir navigué sous pavillon à croix de Lorraine, a été intégré au groupe d'escorte et de contrôle des convois commandé par le captain Clay (*US Navy*), de même que l'aviso *La Moqueuse* et le destroyer *Tunisien*, nouvellement armé en janvier 1944 par un équipage constitué en majorité de marins FNFL. (Fondation de la France libre.)

13 septembre 1944. Marins sur le pont d'un bâtiment français dans la rade de Toulon lors de l'arrivée du croiseur amiral *Georges Leygues* à la tête de l'escadre manœuvrant sous ses ordres. (ECPAD-Pierre Raoul Vignal.)

françaises. Une dizaine sont chargés directement de l'appui-feu aux troupes d'assaut. Le commandement américain tenant à assurer la responsabilité entière de l'opération *Anvil Dragoon*, ces derniers ont été répartis dans les différents groupes d'appui. C'est le cas du cuirassé *Lorraine* (Force Sitka), des croiseurs *Montcalm* (Force Delta), *Georges Leygues* (Force Camel), *Gloire* (Force Alpha), *Émile Bertin* (Force Camel), *Duguay-Trouin* (Force Camel), *Jeanne d'Arc* (Force Sitka) et des croiseurs légers *Le Terrible*, *Le Fantasque*, *Le Malin*, tous trois intégrés à la Force Delta.

Les autres navires sont affectés à l'escorte et au contrôle des convois, eux aussi répartis parmi les bâtiments américains et britanniques. Il s'agit des torpilleurs *Le Fortuné*, *Forbin*, *Tempête*, *Simoun*, *Alcyon*; des destroyers d'escorte *Marocain*, *Tunisien*, *Hova*, *Algérien*, *Somali*; des avisos *Commandant Dominé*, *La Moqueuse*, *La Gracieuse*, *Commandant Bory*, *La Boudeuse*. Enfin, l'effectif français compte trois pétroliers, *Elorn*, *Le Mékong*, *Var*; deux bâtiments chargés du transport de munitions, *Quercy*, *Barfleur*; et trois autres affectés à des fonctions diverses, *YMS 271*, et les chasseurs *95* et *96*.

D'une manière générale, ce deuxième débarquement allié en France s'est avéré nettement plus facile que le premier, ce qui s'explique par une préparation encore plus minutieuse et un rapport des forces nettement en faveur des assaillants se traduisant par une faible réaction des Allemands.

C'est dans le secteur de la force Camel, et plus précisément sur la plage de Saint-Raphaël, que les troupes d'occupation ont opposé la plus vive résistance par des tirs d'artillerie très nourris.

13 septembre 1944. Le *Georges Leygues*, en tant que navire amiral du groupe des croiseurs et portant la marque de l'amiral Lemonnier, entre à la tête de l'escadre dans la rade de Toulon. (ECPAD-Pierre Raoul Vignal.)

13 septembre 1944. À bord du croiseur amiral *Georges Leygues*, l'amiral Lemonnier, commandant des forces maritimes et aéronavales françaises, et son état-major. (ECPAD-Pierre Raoul Vignal.)

Au point que l'état-major allié a dû reprendre et intensifier la préparation aéronavale. Un soutien auquel ont pris une grande part les croiseurs *Émile-Bertin* et *Duguay-Trouin*.

Comme il l'a fait en Normandie, François Bellier, canonnier sur le *Georges Leygues* (Force Delta), a tenu son journal durant l'opération *Anvil Dragoon*. Voici la partie concernant ces jours décisifs de la mi-août 1944. [1]

*« **15 août 1944***

4 h 00. Rappelés aux postes de combat.

Sommes à 40 km des côtes de France.

3 h 00. Poste de combat. Le temps est légèrement voilé par quelques nuages de brume. La mer est calme.

6h50. Commençons le feu avec les 152 mm. 8 coups sont tirés. 6h52. Cessez le feu. 7h14. Reprenons le feu. 7h28. Cessez le feu. 35 coups sont tirés. On entend la DCA tirer sur des avions. Nous commençons à apercevoir les landing barges chargées de troupe et de matériel se diriger vers la terre.

7h51. Reprenons le feu. 8h30. Cessez le feu. Les troupes commencent à débarquer normalement sans rencontrer de grande résistance. Des torpilleurs tirent de temps à autre sur des batteries côtières. Le ciel est clair. On aperçoit maintenant la côte. Nous en sommes à 8 km environ, aucune batterie ne tire sur nous. Nous sommes actuellement dans la baie de Saint-Tropez.

12h00. Une vague de forteresses volantes passe au-dessus de nous puis bombarde l'aérodrome de Saint-Raphaël-Fréjus. Nous sommes à 5 km de ce bombardement. À part cela, le calme règne dans la rade. Le croiseur « Émile Bertin »*, tout près de la côte, riposte énergiquement sur une batterie qui tirait sur les chalands de débarquement.*

12h15. « L'Émile Bertin » *et un destroyer américain bombardent la côte où l'on aperçoit de grosses colonnes de fumée.*

13h. Le cuirassé « Arkansas », « l'Émile Bertin » *et plusieurs destroyers ouvrent le feu sur la côte.*

13h30. Un terrible feu d'artillerie est déclenché par tous les bateaux de guerre présents sur rade. Ce bombardement a pour but le nettoyage de la côte et la protection des troupes de débarquement pour l'attaque de Fréjus, où se trouve un important terrain d'aviation. Des colonnes de fumée de plusieurs centaines de mètres s'élèvent au-dessus de la ville. Vers 19h30, le calme est rétabli. Puis l'artillerie de marine reprend avec plus d'intensité que jamais et fait feu de toutes ses pièces.

20h00. L'escadre évolue en grande vitesse, se regroupe et stoppe pour la nuit.

16 août

Revenons sur les lieux du débarquement. Ouvrons le feu sur quelques batteries ennemies.

17 août

Patrouillons en mer et mouillons avec les croiseurs légers « Fantasque », « Terrible », « Malin »,

Ci-dessus et ci-contre : le *Georges Leygues* dans le port de Toulon à la fin de l'été 1944. (Archives François Bellier.)

« Montcalm *» et «* Philadelphia *» en rade de Propriano (Corse). Dans la nuit, subissons une attaque de sous-marins et vedettes lance-torpilles ennemis sans succès pour eux.*

18 août

Arrivée dans la rade d'une forte escadre anglaise. À bord, corvée de munitions. 13 h 30. Appareillage. »

Comme en Normandie, les forces navales françaises ont joué en Provence un rôle important dans l'appui-feu aux troupes d'assaut, les différents bâtiment affectés à cette tâche s'étant fait remarquer par la précision de leurs tirs.

À titre indicatif, pendant les deux premiers jours de l'opération, voici le nombre d'obus tiré par ces navires : *Gloire* (236), *Georges Leygues* (271), *Montcalm* (241), *Émile Bertin* (530),

Toulon, 15 septembre 1944. La garde d'honneur du *Georges Leygues*. (Archives François Bellier.)

Ci-dessous : créé le 5 juillet 1940 par l'amiral Muselier, le 1er Régiment de Fusiliers Marins de la France libre (1er RFM) va jouer un rôle essentiel dans la libération de Toulon, après avoir débarqué à Cavalaire le 17 août. Avec ses canons de DCA Bofors, il constitue l'unité blindée de reconnaissance de la 1re Division de la France Libre (1re DFL). (Fondation de la France libre.)

Toulon, 16 septembre 1944. Défilé des marins français devant le général de Gaulle. (Archives François Bellier.)

Fantasque (230), *Malin* (80), *Terrible* (160), *Duguay-Trouin* (98). [2]

Mais le débarquement réussi ne marque pas pour autant la fin de la mission des navires de combat alliés. Il leur reste maintenant à participer à la libération de tout le reste du littoral méditerranéen, dont les ports stratégiques de Toulon et Marseille. Et les bâtiments français vont encore prendre une part important dans la réalisation de cette deuxième phase des opérations en Provence.

François Bellier raconte dans son journal les événements de cette deuxième phase des opérations en Provence.

« ***19 août***

Sommes devant les îles du Levant. L'escadre interalliée prépare le bombardement du port de Toulon. 15 h 30. Rappel aux postes de combat. 16 h 15. Ouvrons le feu sur des batteries allemandes qui tiraient sur nos troupes. 16 h 55. Cessez-le-feu.

20 août

7 h 45. Poste de combat. Croisons au large de Toulon avec le cuirassé « Lorraine », *les croiseurs* « Montcalm », « Philadelphia » *et deux destroyers. Des coups tombent tout près de nous et encadrent le* « Lorraine ». *On croit que c'est le croiseur* « La Galissonnière », *renfloué de Toulon et sans doute armé par les Allemands, qui tire sur nous. Leur ripostons énergiquement.*

11 h 00. Évoluons à 30 nœuds. Les batteries de 340 mm tirent sur nous. Un obus de réglage de 138 mm tombe sur l'arrière du bateau, mettant hors d'usage un affût quadruple de 40 mm, faisant 10 blessés dont un qui devait mourir quelques jours plus tard. La journée du 20 fut pour nous la plus dure. Nous avons eu à affronter des batteries de tous calibres : 340, 164, 152, 138, 80, etc. Mais grâce aux rideaux de fumée protecteurs des vaillants destroyers, nous avons pu éviter beaucoup de coups. »

Il ne faudrait pas oublier la participation du 1er Régiment de fusiliers marins de la France libre (1er RFM). Créé le 5 juillet 1940 par l'amiral

Ci-dessus : bombardement de Vintimille (Italie) par le Georges-Leygues en octobre 1944. (Archives François Bellier.)

Ci-dessus : médaille commémorative de la guerre 1939-1945, créée par décret le 21 mai 1946, et portant la barrette pour les opérations dans l'Atlantique et la barrette pour les opérations en Méditerranée. (Archives François Bellier.)

Muselier, il s'est distingué en Afrique, en Palestine, en Syrie, puis dans les déserts de Libye et d'Égypte, ainsi qu'en Tunisie. En avril 1944, il a débarqué à Naples puis participe en mai aux combats sur le Garigliano, avant de faire partie du débarquement de Provence sous les ordres du capitaine de frégate Pierre de Morsier au sein de la 1re Division de la France Libre (1re DFL), où il va jouer un rôle essentiel dans la libération de Toulon. Après avoir débarqué le 17 août à Cavalaire, il est au contact de l'ennemi le 20 et le lendemain, le 2e escadron, commandé par le lieutenant de vaisseau Savary, appuie l'avance de l'infanterie de la 1re DFL vers La Crau, cependant que le 4e escadron, commandé par le lieutenant de vaisseau Langlois, poussant une reconnaissance sur Hyères, est engagé devant le Golf Hôtel et violemment pris à partie par l'artillerie ennemie, sur la route de Toulon. Le 22, le 3e escadron, commandé par le lieutenant de vaisseau Brasseur-Kermadec, traverse La Crau sous le feu de l'ennemi et contribue à enrayer une contre-attaque allemande au château de Saint-Michel, puis entre à La Garde. Son 1er peloton détruit cinq lance-flammes au Pradet, son 2e peloton progresse par Hyères, La Moutonne, La Garde, sous le feu de l'artillerie ennemie. Le 24 août, le 2e escadron entraîne l'infanterie dans Sainte-Marguerite et le 25, le régiment se regroupe à Toulon. Au cours de ces opérations, le 1er RFM a eu 59 blessés et a perdu trois officiers, deux officiers-mariniers et 14 quartiers-maîtres et matelots.

L'équipage de l'aviso *Savorgnan de Brazza* à Toulon en janvier 1945. (Fondation de la France libre - Don André Forgeard.)

(1) Archives de l'auteur.
(2) In *La participation de la Marine française aux débarquements de Normandie, de Corse et de Provence*, Service Historique de la Marine, 1969.

Annexes

LISTE DES BÂTIMENTS DE COMBAT DES FNFL

CUIRASSÉ
Courbet †.

CONTRE-TORPILLEURS
Léopard † (3 citations à l'ordre de l'armée), *Triomphant* (2 citations à l'ordre de l'armée).

TORPILLEURS
La Combattante † (2 citations à l'ordre de l'armée), *La Melpomène* (1 citation à l'ordre de l'armée, 1 citation à l'ordre de la division).

AVISOS
Chevreuil, (1 citation à l'ordre de l'armée), *Commandant Dominé* (1 citation à l'ordre de l'armée, 1 citation à l'ordre de la division), *Commandant Duboc* (2 citations à l'ordre de l'armée, 1 citation à l'ordre de la division), *La Moqueuse* (1 citation à l'ordre de l'armée) *Savorgnan de Brazza* (1 citation à l'ordre de l'armée, 1 citation à l'ordre de la division).

FRÉGATES
Croix de Lorraine, *La Découverte*, *La Surprise* (1 citation à l'ordre de la division), *L'Aventure*, *Tonkinois*.

CORVETTES
Aconit (Croix de la Libération, 2 citations à l'ordre de l'armée), *Alysse* † (1 citation à l'ordre de la division), *Commandant d'Estiennes d'Orves* (1 citation à l'ordre de la division), *Commandant Détroyat* (1 citation à l'ordre de la division), *Commandant Drogou* (1 citation à l'ordre de la division), *Lobélia* (3 citations à l'ordre de l'armée), *Mimosa* (1 citation à l'ordre de l'armée), *Renoncule* (2 citations à l'ordre de l'armée), *Roselys* (3 citations à l'ordre de l'armée).

SOUS-MARINS
Curie, *Doris*, *Junon* (2 citations à l'ordre de l'armée), (1 citation à l'ordre du corps d'armée), *Minerve* (1 citation à l'ordre de l'armée, 2 citations à l'ordre du corps d'armée), *Narval* † (Légion d'honneur, Médaille de la Résistance avec rosette, 1 citation à l'ordre de l'armée), *Rubis* (Croix de la Libération, 2 citations à l'ordre de l'armée), *Surcouf* † (1 citation à l'ordre du corps d'armée).

PATROUILLEURS
Léoville, *Oiseau des îles*, *Poulmic* † (1 citation à l'ordre de l'armée), *Président Houduce* (1 citation à l'ordre du corps d'armée), *Reine des Flots* (1 citation à l'ordre de l'armée, 2 citations à l'ordre du corps d'armée), *Vaillant*, *Vikings* † (1 citation à l'ordre de l'armée).

CROISEUR AUXILIAIRE
Cap des Palmes (1 citation à l'ordre de la division).

CHASSEURS
Chasseur 5 (*Carentan*) †, Chasseur 8 (*Rennes*) †, Chasseur 10 (*Bayonne*) (1 citation à l'ordre de l'armée, 1 citation à l'ordre de la division), Chasseur 11 (*Boulogne*) (1 citation à l'ordre de la division, 1 citation à l'ordre du corps d'armée), Chasseur 12 (*Bénodet*) (1 citation à l'ordre de la division), Chasseur 13 (*Calais*) (1 citation à l'ordre de la division), Chasseur 14 (*Diélette*) (1 citation à l'ordre de la division), Chasseur 15 (*Paimpol*) (1 citation à l'ordre du corps d'armée), Chasseur 41 (*Audierne*) (2 citations à l'ordre de l'armée, 1 citation à l'ordre du corps d'armée), Chasseur 42 (*Larmor*) (2 citations à l'ordre de l'armée, 1 citation à l'ordre du corps d'armée), Chasseur 43 (*Lavandou*) (1 citation à l'ordre du corps d'armée, 1 citation à l'ordre de la brigade).

CHASSEURS-DRAGUEURS
AD 92 (*Congres*), AD 112 (Keriado), AD 138 (*Lucienne-Jeanne*).

VEDETTES *MOTOR TORPEDO BOAT (MTB)*
23e Flottille (1 citation à l'ordre de l'armée), Vedette rapide 90, Vedette rapide 91, Vedette rapide 92, Vedette rapide 94, Vedette rapide 96, Vedette rapide 98, Vedette rapide 227, Vedette rapide 239.

VEDETTES *MOTOR LAUNCH (ML)*
123 (*Saint-Renan*), 182 (*Île de Sein*) (1 citation à l'ordre du corps d'armée), 205 (*Ouessant*), 245 (*Saint-Guénolé*), 246 (*Saint-Yves*), 247 (*Saint-Alain*), 249 (*Béniguet*), 303 (*Molène*).

VEDETTES CÔTIÈRES
Baalbeck, Palmyre.
BÂTIMENTS-ÉCOLES
Bouclier (2 citations à l'ordre de l'armée), *Président Théodore Tissier.*

GOÉLETTES
Belle-Poule, Étoile.

BÂTIMENTS-BASES
Amiens (1 citation à l'ordre de l'armée), *Arras* (1 citation à l'ordre de la brigade), *Diligente* (1 citation à l'ordre de la brigade), *Epinal, Ouragan, Suippes.*

UNITÉS DE TERRE
1er régiment de fusiliers marins (Croix de la Libération, 8 citations à l'ordre de l'armée), 1er Bataillon de fusiliers marins commandos (2 citations à l'ordre de l'armée).

† Bâtiment coulé ou perdu.

LISTE DES BÂTIMENTS DE LA MARINE MARCHANDE FNFL

PAQUEBOTS
Cap Saint-Jacques, Commissaire Ramel † (paquebot mixte), *Cuba* † (1 citation à l'ordre du corps d'armée), *Désirade, Félix Roussel* (1 citation à l'ordre de l'armée, 1 citation à l'ordre de la division), *Île-de-France* (1 citation à l'ordre de l'armée), *Jamaïque, Président Doumer* (1 citation à l'ordre du corps d'armée), *Touareg.*

CARGOS
Anadyr † (1 citation à l'ordre du corps d'armée), *Cagou, Cap El Hank, Cap Tarifa, Capitaine Illiaquer, Capo Olmo* (1 citation à l'ordre de l'armée), *Casamance* †, *Charles L.-D.* † (1 citation à l'ordre de la division), *Châteauroux, Daphné* †, *D'Entrecasteaux, Djurdjura* (1 citation à l'ordre du corps d'armée), *Dorine, Égée* (1 citation à l'ordre de l'armée), *Forbin* † (1 citation à l'ordre du corps d'armée), *Fort Binger* (1 citation à l'ordre de l'armée), *Fort de Troyon* (1 citation à l'ordre du corps d'armée), *Fort Lamy* (1 citation à l'ordre du corps d'armée), *Fort Médine* †, *Gravelines, Henry Mory, Île-de-Batz, Indochinois* (1 citation à l'ordre de l'armée), *Jean L.D.* (1 citation à l'ordre du corps d'armée), *Lisieux, Maurienne, Morlaix, Myson* † (1 citation à l'ordre de la division), *Nevada II, Notou, Ostrevent* (1 citation à l'ordre de la division), *P.L.M. 17, P.L.M. 22* † (1 citation à l'ordre du corps d'armée), *P.L.M. 27* †, *Saint-Bertrand* (1 citation à l'ordre du corps d'armée), *Saint Malo, S.N.A 8* (1 citation à l'ordre de l'armée), *S.N.A 10* (1 citation à l'ordre de l'armée), *Tombouctou* (1 citation à l'ordre du corps d'armée).

CARGOS MIXTES
Espérance, Le Saint-Loubert Bie, Ville d'Amiens (1 citation à l'ordre du corps d'armée), *Ville de Majunga, Ville de Strasbourg, Ville de Tamatave* (1 citation à l'ordre du corps d'armée).

AUTRES
Celte † (chalutier, 1 citation à l'ordre de l'armée), *Franche-Comté* (pétrolier, 1 citation à l'ordre du corps d'armée), *Frontier* (caboteur), *Joseph Duhamel* (chalutier, 1 citation à l'ordre du corps d'armée), *La Brise* (pêche), *Oiseau des Îles* (goélette), *Petrophalt* (pétrolier), *Roxane* (pétrolier), *Saintonge* (pétrolier, 1 citation à l'ordre de l'armée), *Tereora* (goélette), *Victor Guilloux* (drague), *Volontaire* (transbordeur, ex-*Ingénieur Cachin*).

† Bâtiment coulé ou perdu.

(Sources : *Historique des FNFL* par le vice-amiral d'escadre (cr) Emile Chaline et le capitaine de vaisseau (h) Pierre Santarelli, Éditions Service Historique de la Marine, tome 1 pour la marine de guerre (1990) et tome 4 pour la marine marchande (2002).)

Remerciements

Mes remerciements vont en premier lieu à la Fondation de la France libre, pour son accueil chaleureux et enthousiaste, la mise à disposition de ses archives consernant les FNFL, ainsi que son soutien constant durant cette aventure éditoriale de longue haleine. Et tout particulièrement à son président, le général Robert Bresse ; à son vice-président Christophe Bayard ; à Michel Bouchi-Lamontagne, petit-fils et fils de FNFL, délégué au souvenir des marins ; à Denis Zang, fils de Jacques Zang, enseigne de vaisseau 1re classe sur *La Combattante*, devenu par la suite contre-amiral ; à Sylvain Cornil-Frerrot, responsable des recherches historiques.

Je ne saurais oublier non plus Laurent Lemel pour son important et indispensable travail de documentation. Enfin, je remercie les éditions Heimdal pour leur confiance.

Sources

Archives de la Fondation de la France libre.

Bibliographie

La participation de la Marine française aux débarquements de Normandie, de Corse et de Provence, Service historique de la Marine nationale, 1969.

La Marine française pendant la Seconde Guerre mondiale, Musée national de la Marine, 2010.

La Marine marchande des FNFL, Association amicale des FNFL, 1976.

Pour libérer la France, engage-toi, Association amicale des FNFL, 1979-1980.

Les corvettes de la France libre, Pierre de Morsier, Éditions France-Empire, 1972.

Les Rebelles de la Combattante, 1939-1945, Eddy Florentin, Éditions L'Ancre de Marine, 2009.

Le Courbet, le cuirassé de toutes les batailles, Patrick David, Serge David, Yves Marchaland, Éditions du Bout du Monde, 2005.

La Bataille de l'Atlantique, Philippe Masson, Tallandier, 1997.

Commando Kieffer, les Français débarquent en Normandie, Jean-Charles Stasi, Heimdal, 2014.

The D-Day ships, Neptune, the Greatest Amphibious Operation in History, John de S. Winser, World Ship Society, 1994.

Internet

« Les Forces Navales Françaises Libres » et « Le rôle des FNFL pendant la Deuxième Guerre mondiale », consultables sur le site internet *Chemins de mémoire* : www.cheminsdememoire.gouv.fr.

Achevé d'imprimer en France en juillet 2019 par l'Imprimerie de Champagne (Langres, 52), pour le compte des Éditions Heimdal, Georges Bernage, éditeur.